HIGHLIGHTS PARIS

DIE 50 ZIELE, DIE SIE GESEHEN HABEN SOLLTEN

HIGHLIGHTS PARIS

Constanze Wimmer

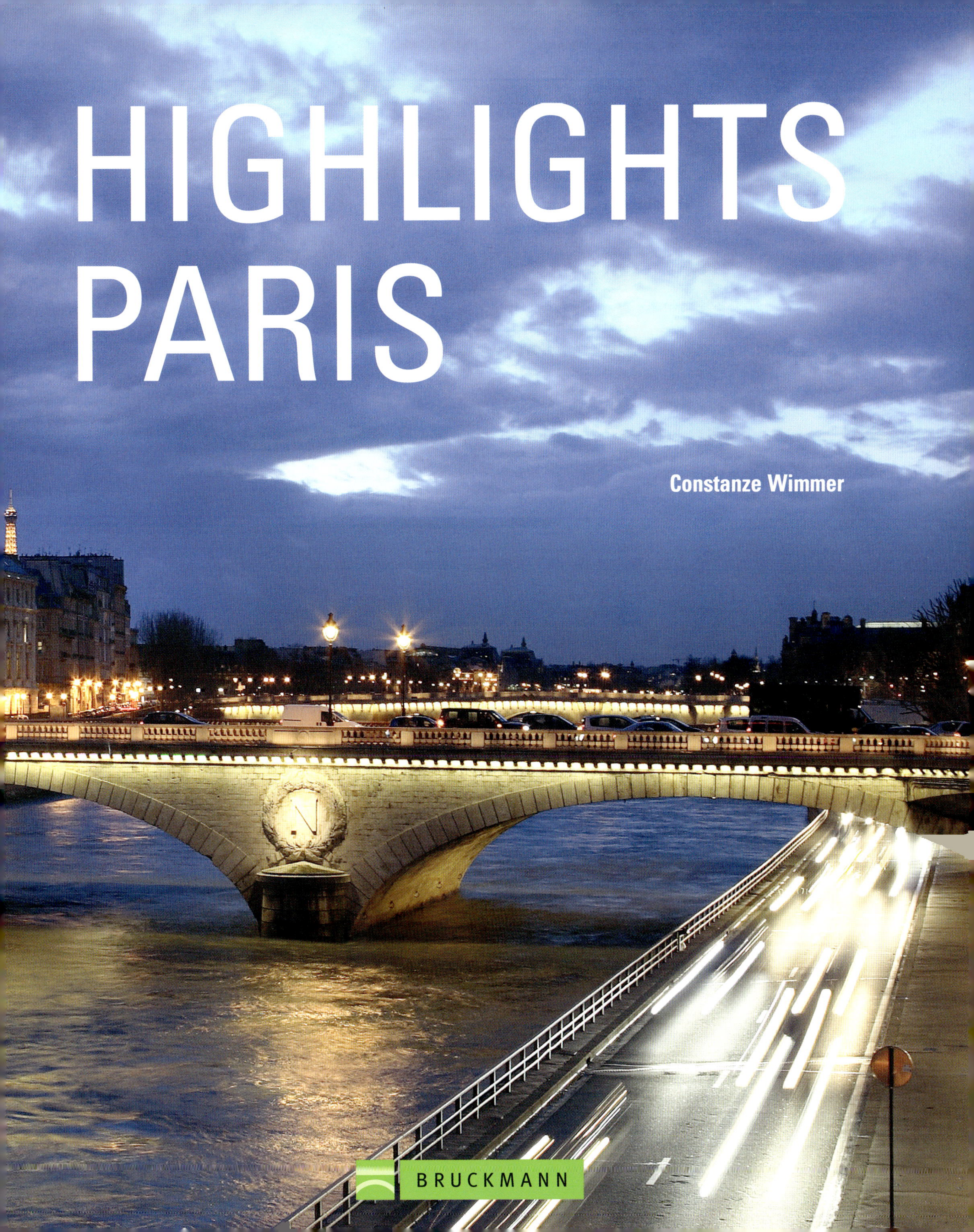

BRUCKMANN

Orientierung mit Stadtplan am Montmartre (oben): Im Bateau Lavoir lebte Vincent van Gogh bei seinem Bruder Theo, erfand Picasso angeblich den Kubismus. Bildhauer Rodin lebte da schon feudaler, das Hôtel Biron, ist nun Museum (unten). Faszinierend: das Eingangsportal an der Notre-Dame (Mitte).

Inhaltsverzeichnis

Der Westen 98

Der Norden 124

In der Umgebung 144

Antike Statue und Riesenrad – der Jardin des Tuileries ist ein großes Freilichtmuseum, in dem es sich stundenlang verweilen lässt (oben). Wie auch das Treffen zu einem kurzen Gespräch zu einem langen Nachmittag in einer Brasserie im Marais werden kann (Mitte). Das Panthéon (unten) steht auf der Besichtigungsliste weit oben.

UMGEBUNG VON PARIS

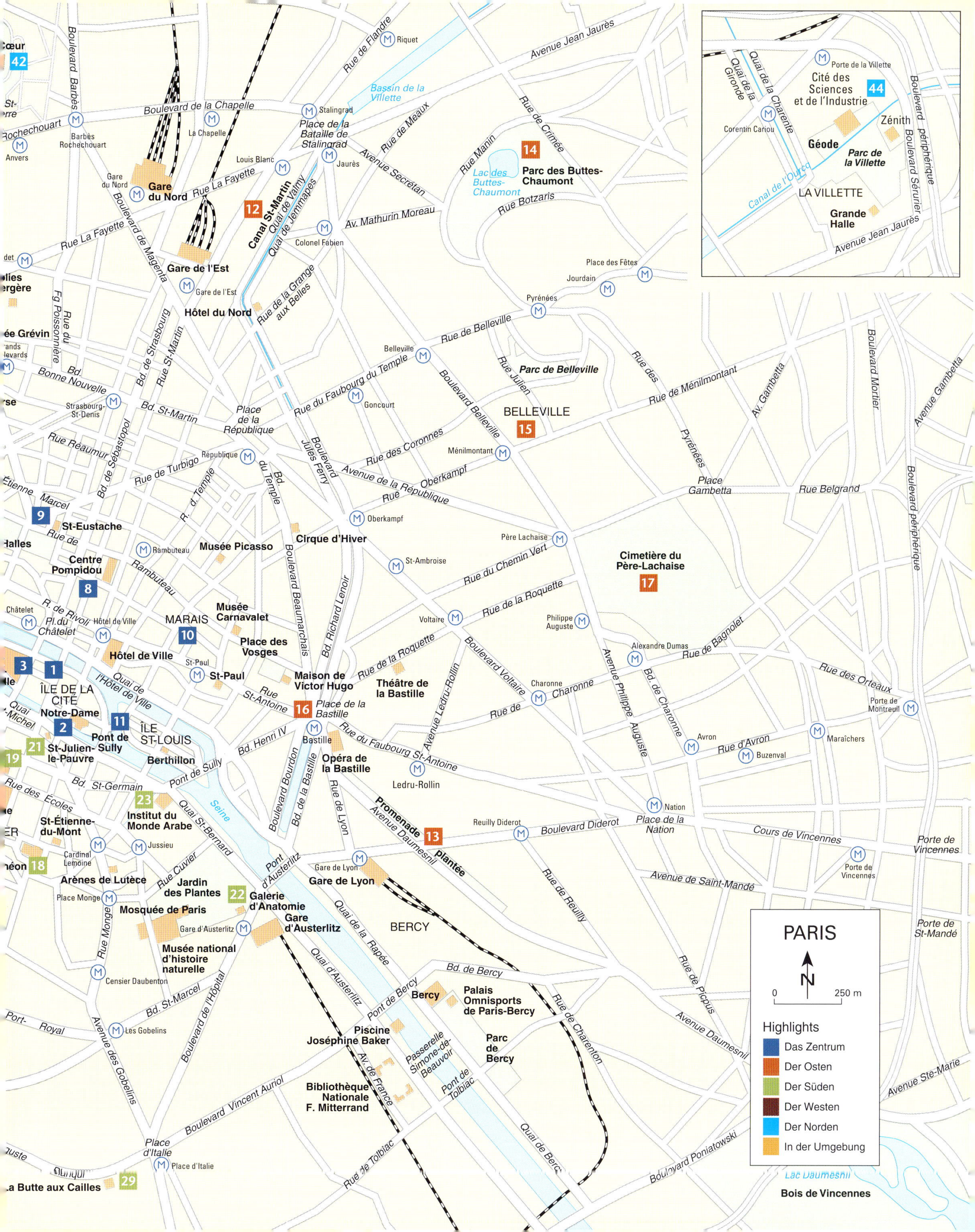

PARIS
N
0
250 m
Highlights
Das Zentrum
Der Osten
Der Süden
Der Westen
Der Norden
In der Umgebung
Cité des Sciences et de l'Industrie
44
Porte de la Villette
Quai de la Gironde
Quai de la Charente
Corentin Cariou
Zénith
Géode
Parc de la Villette
Canal de l'Ourcq
LA VILLETTE
Grande Halle
Boulevard Sérurier
Boulevard périphérique
Avenue Jean Jaurès
Riquet
Rue de Flandre
Bassin de la Villette
Stalingrad
Place de la Bataille de Stalingrad
Jaurès
Rue de Meaux
Avenue Secrétan
Rue de Crimée
Rue Manin
14
Lac des Buttes-Chaumont
Parc des Buttes-Chaumont
Rue Botzaris
Boulevard de la Chapelle
La Chapelle
Barbès Rochechouart
Boulevard Barbès
Rochechouart
Anvers
42
Gare du Nord
Louis Blanc
Rue La Fayette
12
Canal St-Martin
Quai de Valmy
Quai de Jemmapes
Colonel Fabien
Av. Mathurin Moreau
Boulevard de Magenta
Gare de l'Est
Hôtel du Nord
Rue de la Grange aux Belles
Place des Fêtes
Jourdain
Pyrénées
Rue de Belleville
Belleville
Parc de Belleville
Rue Julien
Rue des Pyrénées
Rue de Ménilmontant
Av. Gambetta
Boulevard Mortier
Avenue Gambetta
Rue du Faubourg du Temple
Goncourt
Boulevard Belleville
BELLEVILLE
15
Ménilmontant
Rue des Coronnes
Rue Oberkampf
Avenue de la République
Place Gambetta
Rue Belgrand
Boulevard périphérique
Fg Poissonnière
Bd. Bonne Nouvelle
Strasbourg-St-Denis
Bd. de Strasbourg
Rue St-Martin
Bd. St-Martin
Place de la République
République
Boulevard Jules Ferry
Bd. du Temple
Rue Réaumur
Bd. de Sébastopol
Rue de Turbigo
R. d. Temple
Oberkampf
Rue Marcel
9
St-Eustache
Rambuteau
Musée Picasso
Cirque d'Hiver
Père Lachaise
Cimetière du Père-Lachaise
17
St-Ambroise
Rue du Chemin Vert
Centre Pompidou
8
Rue Rambuteau
Boulevard Beaumarchais
Bd. Richard Lenoir
Rue de la Roquette
Voltaire
Philippe Auguste
Châtelet
Pl. du Châtelet
R. de Rivoli
Hôtel de Ville
MARAIS
10
Musée Carnavalet
Place des Vosges
Boulevard Voltaire
Alexandre Dumas
Rue de Bagnolet
Rue des Orteaux
3
1
Hôtel de Ville
St-Paul
Quai de l'Hôtel de Ville
ÎLE DE LA CITÉ
Notre-Dame
Maison de Victor Hugo
Théâtre de la Bastille
Charonne
Rue de Charonne
Avenue Philippe Auguste
Bd. de Charonne
Porte de Montreuil
Rue St-Antoine
16
Place de la Bastille
Avenue Ledru-Rollin
2
11
ÎLE ST-LOUIS
Pont de Sully
Bastille
Rue du Faubourg St-Antoine
Avron
Rue d'Avron
Maraîchers
Buzenval
21
St-Julien-le-Pauvre
19
Berthillon
Bd. Henri IV
Opéra de la Bastille
Ledru-Rollin
Pont de Sully
Bd. St-Germain
Rue des Écoles
23
Institut du Monde Arabe
Seine
Boulevard Bourdon
Bd. de la Bastille
Rue de Lyon
Promenade plantée
Avenue Daumesnil
13
Reuilly Diderot
Boulevard Diderot
Nation
Place de la Nation
Cours de Vincennes
Porte de Vincennes
St-Étienne-du-Mont
Quai St-Bernard
Jussieu
Cardinal Lemoine
18
Arènes de Lutèce
Rue Cuvier
Jardin des Plantes
Pont d'Austerlitz
Gare de Lyon
Rue de Reuilly
Avenue de Saint-Mandé
Place Monge
Mosquée de Paris
22
Galerie d'Anatomie
Gare d'Austerlitz
Quai de la Rapée
BERCY
Porte de St-Mandé
Rue Monge
Musée national d'histoire naturelle
Quai d'Austerlitz
Censier Daubenton
Bd. de Bercy
Bd. St-Marcel
Boulevard de l'Hôpital
Pont de Bercy
Bercy
Palais Omnisports de Paris-Bercy
Rue de Charenton
Rue de Picpus
Avenue Daumesnil
Port-Royal
Les Gobelins
Avenue des Gobelins
Piscine Joséphine Baker
Passerelle Simone-de-Beauvoir
Parc de Bercy
Av. de France
Pont de Tolbiac
Bibliothèque Nationale F. Mitterrand
Boulevard Vincent Auriol
Quai de Bercy
Avenue Ste-Marie
Place d'Italie
Rue de Tolbiac
Boulevard Poniatowski
Lac Daumesnil
Bois de Vincennes
29
La Butte aux Cailles

Der Arc de Triomphe im Abendlicht (oben). In der Passage des Panoramas (unten) am Boulevard Montmartre trifft man sich zum Kaffeetrinken. Immer gepflegt und gern besucht – das Grabmal der Sängerin Dalida am Cimetière de Montmartre (Mitte). Von der Rue de la Bonne blickt man auf Sacré-Cœur (rechts).

Paris – eine Stadt inszeniert sich täglich neu

Warum man mehr als einmal an die Seine reisen sollte

Paris, je t'aime – titelte ein deutsches Nachrichtenmagazin. Verliebt man sich auf den ersten Blick in diese Stadt? 28 Millionen Besucher im Jahr können kaum irren, viele kommen immer wieder. Kein Wunder: Paris inszeniert sich täglich neu, Paris erschließt sich nicht allein durch seine Sehenswürdigkeiten. Die Stadt entdeckt man in stillen Seitenstraßen, auf romantischen Plätzen, natürlich auch an und auf der Seine. Immer wieder anders und immer wieder von Neuem.

Paris ist als Weltmetropole im Herzen Europas das bevorzugte Ziel von fast 28 Millionen Besuchern aus Europa, aus Indien, Korea oder Brasilien. Paris bleibt gleich und verändert sich dennoch. Gleich bleibt der historische Kern um die Île de la Cité bis hin zur Opéra Garnier, dem Eiffelturm, der Sorbonne und der Place de la Bastille, renoviert und herausgeputzt, wenn der Zahn der Zeit kosmetische Korrekturen verlangt – Mittelpunkt aller Sightseeingtouren per Aussichtsbus, mit der Metro, auf dem Schiff oder mit dem Rad. Der Touristenstrom reißt von Montag bis Sonntag nicht ab, die zu Stein gewordene Historie der Stadt ist ein gewaltiger Besuchermagnet – das ganze Jahr über. Paris hat immer Saison.

Die Stadt verändert sich, nimmt eine Vorreiterrolle ein bei großartigen Schauspielen und Events, wie es neudeutsch so schön heißt. Hier gab es zum ersten Mal die Nuit Blanche, steckten europaweit die Menschen zuerst ihre Füße in den Sand der »Paris Plages«. Die Metropole wird grün – mit ihren Parks und Gärten, den Hotels, die immer mehr auf »Bio« setzen; mit der Metro, mit der man sie in 13 Minuten durchqueren kann, der Straßenbahn und nun auch mit dem Netz der »Vélib'«-Leihfahrräder, das kontinuierlich ausgebaut wird. Paris ist durch sein dicht geknüpftes, öffentlich zugängliches WLAN-Netz mit der ganzen Welt verbunden. Paris huldigt der Kunst – nicht nur ausschließlich im Louvre. Es sind die kleinen, feinen Museen wie das Cognacq-Jay oder das leicht frivole Museé de l'erotisme, die mit abwechslungsreicher Kunst durchaus mithalten können mit dem weltbekannten Museé d'Orsay oder dem Centre Pompidou.

Das Schloss Fontainebleau (Mitte rechts) und der dazugehörende Wald ziehen jährlich an die 13 Millionen Besucher an, sind Naherholungsgebiet Nummer eins der Pariser. Zwischen Palmen und künstlichen Ruinen finden die Paris-Besucher Entspannung im Parc Monceau (oben) bzw. in der Einkaufspassage Galerie Vivienne in einem Restaurant (unten).

Paris – die »schöne Zauberstadt«

Wie schafft es Paris, dass es heute so ist, wie es ist, dass es das verkörpert, was sich Millionen Menschen vorstellen – die Stadt der Liebe, der Mode, der Geschichte, das Herz Frankreichs … Und warum sieht der Tourist nicht, dass Paris mit seinem Ballungsraum von zehn Millionen Menschen auch schmutzig, lärmend, kalt, abweisend und verstörend unübersichtlich sein kann? Für Heinrich Heine war sie »die schöne Zauberstadt«, und er pries die Luft der Seinemetropole: »Es ist in dieser Luft etwas Großmütiges, so Mildreiches, so Liebenswürdiges«. Nun gut, der Poet und deutsche Exilant musste nicht an lärmbetosten Boulevards warten, um hastend auf die andere Straßenseite zu gelangen, er bewegte sich nicht im endlos langen, stickigen Tunnelgewirr der Metrostationen, wie es heutzutage tagaus, tagein mit den Bewohnern auch die Touristen tun. Setzt man Luft mit Atmosphäre gleich, dann kommt man dem Gefühl, das Heinrich Heine zu vermitteln versuchte, schon näher. Die Künstlerin Oda Jaune ist sich mit Heinrich Heine einig: »In Paris habe ich mich sofort zu Hause gefühlt, auch weil es hier so unheimlich schön ist. Selbst wenn es regnet. Ich mag das dunkel, hellblau, violett Schattierende dieser Steinstadt … Vielleicht ist Paris im Regen sogar am schönsten.« Regen wünscht man natürlich keinem Besucher bei seinem Aufenthalt in der Stadt. Sei's drum – *c'est la vie!* Dann eben ein Besuch eines der 173 Museen, 35 000 Werke sind allein im Louvre ausgestellt. Doch man kann bei Regen auch einfach im Café sitzen, mit einem Croissant, das nur in Paris noch nach Butter duftet – selbstredend auch schmeckt. Wer Paris kennenlernen will, sollte sich einfach treiben lassen. So kommt man am besten den vielen Geheimnissen dieser Metropole auf die Spur, von denen es sich herrlich in einem der zahllosen Cafés, Bistros oder Brasserien träumen lässt. Notre-Dame oder Louvre, Montmartre oder Marais – Museum oder Einkaufstempel, Rue du Faubourg Saint-Honoré oder Rue de Rivoli? Die Auswahl ist unendlich – mag man auf der Promenade plantée flanieren oder ins Kaufgewühl des Marktes in Belleville eintauchen, Eis schlecken in der Rue des Abbesses oder sich in einem 2CV durch die Stadt schaukeln lassen. Schnell stellt man fest: Paris ist mehr als eine Reise wert.

Das Leben vorbeiziehen lassen

Dass Paris auftrumpfen kann mit breiten Boulevards, imposanten Hausfassaden und einer schier unendlichen, zu Stein gewordenen Geschichte, hat es nicht zuletzt Kaiser Napoleon III. und seinem Stadtplaner Baron Haussmann zu verdanken. Rigoros ließ dieser gewachsene Viertel von schnurgeraden Straßen und Avenuen durchschneiden – das frühere Paris, mondän und vornehm, zeigt sich noch im Marais und auf der Île Saint-Louis –, mit engen Gassen und hochherrschaftlichen Gebäuden. »Wenn der liebe Gott sich im Himmel langweilt, dann öffnet er das Fenster und betrachtet die Boulevards von Paris«, schwärmte Heinrich Heine.

Egal, in welche Richtung man auf den Champs-Élysées spaziert, man ist auf jeden Fall beeindruckt. Wo am westlichen Ende der Prachtavenue der 50 Meter hohe Arc de Triomphe steht, führen zwölf Avenuen sternförmig in alle Richtungen. Auf der Avenue Hoche gelangt man nicht nur zum Parc Monceau (einem der 465 Gärten und Parks der Stadt), sondern auch in die Rue du Faubourg Saint-Honoré. Sie ist die führende Modemeile in Paris. Den Blick in die Läden der Haute Couture wird frau sich nicht nehmen lassen, wobei auch die Herren gern einen Blick riskieren und sich mit auf den Weg machen zu den angesagten Designern.

Damit sind wir im modernen Paris, architektonisch vor vielen Jahren mit Blick in die Zukunft erweitert: La Défense, die Satellitenstadt mit der Grande Arche, Les Olympiades, den Hochhäusern des heutigen Chinatown. François Mitterrand war der Staatspräsident, der die Metropole baulich ins 21. Jahrhundert führte mit der Pyramide beim Louvre, den Gebäuden in Buchform der Nationalbibliothek, der Opéra Bastille und dem umstrittenen Montparnasse-Turm. Wen wundert's, dass von Paris geschwärmt wird, dass es seit Jahrhunderten von Dichtern, Schriftstellern, Chansonniers, Rockbands in ihren Gedichten, Geschichten und Liedern besungen wird, dass Filmemacher immer wieder neue Ecken der Stadt ausleuchten und wir durch die zahlreichen Filme gern glauben möchten, die Stadt schon so gut zu kennen. Wie wahr! Ein Spaziergang bringt so manches Déjà-vu-Erlebnis – hier war ich schon einmal! Sicher, vom Kinosessel aus …

Auch wenn man nach Paris gekommen ist, um Sightseeing zu betreiben, um all die Sehenswürdigkeiten zu erkunden und zahlreiche Museen zu besuchen, so übernimmt man doch bald sozusagen mit fliegenden Fahnen eine Lieblingsbeschäftigung der Pariser: einfach dasitzen, der Welt zusehen, essen, trinken, reden. Schnell stellt man dabei fest: Paris tut gut. Nicht nur einmal! 50 Ziele dieser faszinierenden Metropole möchten wir Ihnen präsentieren.

Fantasievoll, überladen, für die Ewigkeit – Paris zeigt sich aus verschiedenen Blickwinkeln, sei es im Disneyland Paris, wo die Besucher auf der Main Street flanieren (oben); Glamour und Luxus verkörpern die goldenen Lampen-Statuen im Spiegelsaal von Versailles (Mitte); Napoleon ruht unvergessen in seinem Sarkophag im Invalidendom (unten).

Das Paris der Zukunft – La Défense, die futuristisch anmutende Wolkenkratzersiedlung im Westen von Paris, in dessen Mittelpunkt die Grande Arche wie ein riesengroßes Fenster wirkt.

Die Seine (rechts) ist die Lebensader von Paris, auf der und an der sich das pulsierende Leben der Stadt abspielt, gerne festgehalten im Bild eines Malers nahe Notre-Dame (oben), deren Fassade beeindruckende Details wie diese Rosette aufweist (Mitte). Cafés und Bistros laden zum Verweilen ein (unten).

Das Zentrum

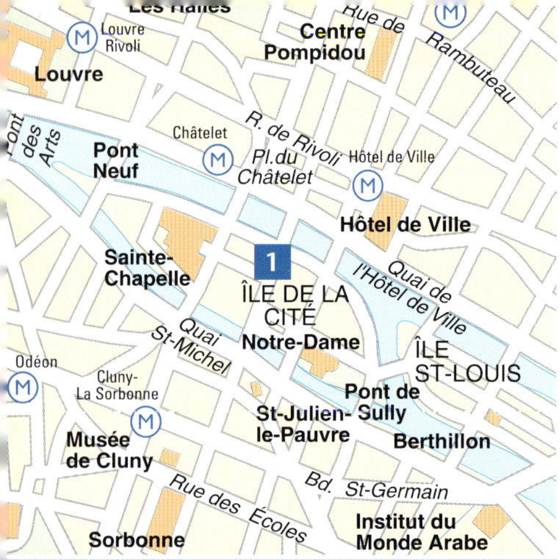

Altes und neues Paris auf einen Blick, dazwischen fließt die Seine (oben): Île de la Cité und La Défense grüßen sich gegenseitig. An der Seine flanieren kann man zu jeder Tageszeit, ausruhen an einen der vielen romantischen Ecken (unten) ebenso wie bei einem gepflegten *dîner* auf einem der Restaurantboote (rechts).

1 Île de la Cité – wo es begann

Von Gefangenen, Rechtsanwälten und Schürzenjägern

Das Herz von Paris schlägt laut: Auf der Île de la Cité drängen sich die Besuchergruppen, schlendern Touristen durch die Straßen, hasten Einheimische vorbei Richtung Metro – 2000 Jahre Stadtgeschichte schreibt diese kleine Insel inmitten der Seine. Beherrscht wird das Areal vom Justizpalast und der Kathedrale Notre-Dame. Weitaus beschaulicher ist es auf der Île Saint-Louis, einen Steinwurf entfernt.

Die Île de la Cité ist der älteste Teil von Paris, das historische und geografische Zentrum der Stadt. Die schiffsförmige Insel in der Seine diente im 3. Jahrhundert v. Chr. keltischen Schiffern und Fischern als Zufluchtsort. Der Name »Paris« leitet sich von den Siedlern ab, die dem Stamm der Parisier angehörten. Die spätere gallische Festung Lutetia Parisiorum wurde 52 v. Chr. von den Römern erobert. Schon unter den Merowingern im 6. Jahrhundert wurde Paris Hauptstadt des fränkischen Reichs, unter den Kapetingern im 10. Jahrhundert Kern des französischen Reichs. Der Aufstieg war unaufhaltsam, im 13. Jahrhundert sorgte die berühmte Universität Sorbonne dafür, dass die Stadt als Mittelpunkt der abendländischen Kultur galt.

Der mächtige Justizpalast entwickelte sich aus der ehemaligen Burg der Merowinger, die später zu einem Königssitz ausgebaut wurde. Sie blieb auch noch offizielle Residenz, als der Louvre bereits existierte. Der größte Teil des Justizpalasts, in dem heute verschiedene Gerichtshöfe tagen, entstand um 1900. Geschichte geschrieben hat die Conciergerie, der Palast des Haushofmeisters aus dem 14. Jahrhundert. Er liegt auf der anderen Seite und gehört ebenfalls zum riesigen Justizpalast-Komplex. Es lohnt sich, eine kombinierte Eintrittskarte für die Conciergerie und die Sainte-Chapelle (Highlight Nummer 3) zu kaufen, denn beide Gebäude erzählen eindrucksvoll von der wechselhaften Geschichte der Île de la Cité.

Königssitz und Gefängnis

Die Conciergerie mit ihrer alles überragenden Tour de l'Horloge am Nordosteck aus dem 14. Jahrhundert: Über viele Jahrhunderte, von 1391 bis 1914, diente sie als Gefängnis. 1610 wurde hier der Mörder von Heinrich IV., François Ravaillac, gefangen gehalten und am 27. Mai 1610 nach grausamer Folter auf der Place de Grève durch Vierteilung hingerichtet. Mehr als 4000 Gefangene saßen während der Französischen Revo-

Der Justizpalast (oben und Mitte) ist Teil der mächtigen Conciergerie, Palast des Haushofmeisters, von deren Dach man einen herrlichen Blick über die Stadt hat (unten rechts). Die Stadt als riesiger Infopoint steht in Miniaturausgabe in der »Paris Story« (rechts oben). Sonnenbad am Quai des Orfèvres an der Île de la Cité (unten).

lution hier ein, darunter auch Marie Antoinette. Ihre – im Gegensatz zu ihren vorherigen Aufenthaltsorten in Versailles und im Louvre – karge Zelle in der Conciergerie ist ebenso zu besichtigen wie die gotische Salle des Gens d'Armes für die königlichen Garden und, neben der Cuisine de Saint-Louis, die Kerker, in denen 1793 und 1794 mit Marie Antoinette 2800 Gefangene auf ihre Hinrichtung warteten. Bei der Renovierung im 19. Jahrhundert ließ man die Folterkammer aus dem 11. Jahrhundert in ihrem Urzustand.

Zu viel Historisches und Blutrünstiges auf einmal? Am Ausgang können Sie sich in der Brasserie Les Deux Palais bei einem *café crème* ausruhen und den Stimmen der Rechtsanwälte lauschen, die ihre Plädoyers einstudieren. Gerüchte über anhängige Verfahren machen die Runde, denn das Schwurgericht befindet sich auf der anderen Seite des Boulevards. Hinter dem Gerichtsgebäude kann man einen Abstecher zur eleganten Place Dauphine machen, die geheimnisvoll und weitab vom allgemeinen Rummel aus Backstein und weißem Stein errichtet wurde. Weniger bekannt als die Place des Vosges, wurde dieser Platz von König Heinrich IV. errichtet, zu Ehren des Kronprinzen, des Dauphin. Hierher verirren sich nur wenig Touristen, die Pariser – vor allem die Boulespieler – sind hier unter sich.

Zu Besuch bei Kommissar Maigret

Dann geht es weiter zum Quai des Orfèvres und seiner berühmten Nummer 36, Sitz der Polizeipräfektur, der Kriminalpolizei. Vor allem das gotische Eingangstor hat mit den Abenteuern von Kommissar Maigret auch internationales Renommee erworben. Nach wie vor gehen durch dieses Portal nicht nur die echten Ermittler, sondern auch zahlreiche französische Filmkommissare ein und aus.

Dem geschäftigen Treiben und den Besucherströmen kann man auch entfliehen, wenn man die Stufen hinuntersteigt zur Spitze der Île de la Cité, dem Square du Vert Galant. Liebespaare treffen sich zum Picknick an diesem historischen Platz, der schon lange als Schauplatz verschwiegener Abenteuer gilt. Schließlich heißt er nach dem Spitznamen von König Heinrich IV., der aufgrund seiner vielen Liebschaften »Schürzenjäger« genannt wurde, auf Französisch *vert galant*. Nicht weit davon entfernt öffnet jeden Tag der Blumenmarkt, einer der ganz wenigen, die es noch gibt in der Seine-Metropole. Schnell ist man in ein Fachgespräch verwickelt über die beste Pflanzzeit, die richtige Pflege von Orchidee, Kaktus oder Hibiskus. Am Sonntag findet hier ein Vogelmarkt statt.

Der Adel winkte dankend ab

Mit einem Blick auf die Ostfassade von Notre-Dame am Square Jean XXIII verabschieden Sie sich zunächst einmal von der Île de la Cité und wandern über den Pont Saint-Louis auf die exklusive Nachbarinsel, die so heißt wie die Brücke. Aus den Sümpfen von einst ist der inzwischen wohl teuerste Boden von Paris entstanden. Im Mittelalter grasten hier noch die Kühe und mühten sich die Wäscherinnen am Seineufer ab. Hier den Bogen zu schießen oder gar ein Duell im Morgengrauen auszufechten,

war in Adelskreisen en vogue. Der Unternehmer Christophe Marie witterte ein gutes Geschäft, und bald hatte er 1609 mit Brief und königlichem Siegel die Erlaubnis, die Insel zu bebauen. Wieder einmal war es der Hofarchitekt von Ludwig XIV., Louis Le Vau, der sich für diese Insel eine streng symmetrische Anlage mit rechtwinkligen Straßen ausdachte, mit der Rue Saint-Louis-en-l'Île als zentraler Längsachse.
Hohe Quaimauern schützten das Areal vor Hochwasser, prächtige *hôtels particuliers* warteten auf Käufer und Mieter – doch der Adel widerstand der Versuchung, schön hatte man es doch bereits im Marais. So zogen Gewerbetreibende und Kunsthandwerker auf die Île Saint-Louis, Politiker und Neureiche erfreuten sich an dem unverbaubaren Blick auf die Seine. Nach und nach verwandelte sich das einstige Weideland in eine begehrte Wohngegend mit distinguierten Läden, Hotels, Restaurants und Galerien – und wurde wie eine Welt für sich. An allen Ecken und Gassen umweht einen die Aura des 17. Jahrhunderts.
Voltaire wohnte auf der Insel, Chopin gab Konzerte, Camille Claudel hatte hier ihr Atelier, Marie Curie forschte, und Helena Rubinstein legte den Grundstein zu ihrem Parfümimperium. An der schmalen Hauptstraße sollten Sie nicht achtlos an der Kirche Saint-Louis-en-l'Île vorbeigehen, Partnerkirche der Kathedrale von Karthago, in der der heilige Ludwig beigesetzt ist. Die Eisenglocke stammt aus dem Jahr 1741, die Turmspitze hat ein eisernes Gewand. Das Innere ist reich barock ausgestattet.
Nachtschwärmer treffen sich regelmäßig im legendären Jazzkeller Le Franc Pinot, und eine lange Schlange windet sich um das »Berthillon«, wird hier doch das beste Eis von Paris verkauft. Um aus einer der vielen Geschmacksrichtungen wählen zu können, nehmen viele eine lange Wartezeit in Kauf.

VICTOR HUGO HAT DEN SCHLÜSSEL ZU PARIS

In einer 50-minütigen Multivisionsshow führt der berühmte französische Schriftsteller im fiktiven Dialog mit der Stadt Paris selbst durch deren 2000-jährige Geschichte. Charles und Michel Ruty haben kontinuierlich ihre »Paris Story« nahe der Opéra Garnier ausgebaut und mit interaktiven Spielen, Quiz und jeder Menge Information für Besucher aus aller Welt bestückt. Ihr Motto dabei: Entdeckt Paris! Der Multivisionsshow kann man in 14 Sprachen folgen. Die »Paris Story« ist wie ein Schlüssel zur Stadt und zu ihrer Geschichte, die Orientierung in der Seine-Metropole fällt mit ihrer Hilfe wesentlich leichter. Riesig ist die Stadt als Miniaturausgabe – mehr als 110 Sehenswürdigkeiten können die Besucher auf einem interaktiven Modell anklicken und damit die Stadtentwicklung durch alle Epochen erkennen.

WEITERE INFORMATIONEN

Paris Story
11 bis, rue Scribe, Tel. 01-42 66 62 06.
Täglich 10–18 Uhr. Metro: Opéra
www.paris-story.com
Office du Tourisme de Paris
25, rue des Pyramides, 75001 Paris,
Tel. 01-49 52 53 27. www.parisinfo.com

Die Kathedrale Notre-Dame (unten rechts) zieht die Besucher aus aller Welt an. In ihrem Inneren fasziniert dieses Wahrzeichen von Paris mit seinem hohen Deckengewölbe (oben) und der kunstvollen Rosette (unten). Aug in Aug mit den Wasserspeiern befindet sich, wer den Aufstieg zum Turm auf sich nimmt (rechts oben).

2 Notre-Dame – Kathedrale des Volkes

Statt stiller Gebete volkstümliches Treiben

Die weißen Türme von Notre-Dame auf der Île de la Cité sind weithin sichtbar. Und zu diesem Meisterwerk der französischen Gotik strömen tagaus, tagein die Touristen, mal in Gruppen, mal allein mit dem Reiseführer in der Hand. Allen gemein ist ihnen die Ehrfurcht, die sie im Angesicht des Gotteshauses erfasst.

Kein Besucher kommt an Notre-Dame vorbei. Sie thront auf der Île de la Cité, und aus ihren Gemäuern strömt die Geschichte Frankreichs und seiner Hauptstadt von mehr als acht Jahrhunderten. Nur früh am Morgen hat man das Gotteshaus allein mit ein paar Einheimischen, die flotten Schrittes zur nächsten Metro eilen. Dann sollte man den Blick am Boden entlangschweifen lassen, die unterschiedliche Pflasterung gibt Auskunft, wo sich früher das alte, das enge, das arme Paris an die wuchtige Kathedrale schmiegte. Denn Notre-Dame war die Kirche des Volkes, gehörte den einfachen Leuten, nicht den Königen, den Präsidenten. Die Cité-Bewohner waren es, denen die Kathedrale ursprünglich ihr Dasein zu verdanken hatte.
Dabei sollte der Kirchenbau das geistliche Gegenstück zum weltlichen Machtzentrum der Königsburg Louvre sein. 1163 legte Papst Alexander III. den Grundstein. Nahezu zwei Jahrhunderte wurde an Notre-Dame hingebaut, standen gotische Architekten und Steinmetze und zahllose Arbeiter in Lohn und Brot. Während der Französischen Revolution schwer beschädigt und zum »Tempel der Vernunft« erklärt, stellte Mitte des 19. Jahrhunderts der bekannte Architekturtheoretiker Viollet-le-Duc das Erscheinungsbild der Kathedrale nach seinen Vorstellungen mittelalterlicher Baukunst wieder her.
Notre-Dame bot nie nur ausschließlich Platz für ein stilles Gebet, für eine würdevolle Andacht. Wer sich Gemälde vergangener Zeiten von diesem Gotteshaus näher betrachtet, sieht viele, viele Menschen, volkstümliches Treiben, ja fast schon Marktplatzstimmung. Man flaniert, parliert und begrüßt sich – beäugt von Bettlern – die an den Säulen hocken. Schuld daran waren auch die Feste auf der Île de la Cité, die im 13. Jahrhundert die Bevölkerung ablenkten und belustigten, etwa das Fest der Narren oder das des Esels.

Die Könige von Juda wurden einfach geköpft

Wen wundert es da, dass während der Französischen Revolution der Innenraum für Feste und Versammlungen herhalten musste, Lagerhalle wurde für Lebensmittel und Wein. Dabei erwiesen sich die Revolutionäre als nicht besonders bibelfest. Denn sie hielten die Galerie der Könige von Juda unter der Rosette an der Westfassade irrtümlich für französische Herrscher – und köpften sie!
Wer vor der Kathedrale steht und unweigerlich nach dem Glöckner von Notre-Dame Ausschau hält, dessen Blick wird an den vielen monströsen Grotesken hängen bleiben, die als Wasserspeier in der Galerie des Chimères auf den Balustraden das Gotteshaus bewachen. Sie erzählen nichts über die Entstehungsgeschichte der Kirche, sondern wurden erschaffen nach den Mittelalter-Vorstellungen des Architekten Viollet-le-Duc, der mit seiner Renovierung von Notre-Dame im 19. Jahrhundert ihr heutiges Aussehen prägte.

Glanzstück der Gotik

Die monumentale, aber wohlproportionierte Westfassade gilt als Paradewerk der französischen Gotik und diente als Vorbild für zahlreiche Kirchen. Aus dem 13. Jahrhundert stammt das Marienportal mit der Muttergottes sowie Heiligen und Königen. 387 Stufen muss man im Südturm erklimmen, um mit einer grandiosen Aussicht belohnt zu werden. Hier hängt auch die 13 Tonnen schwere, 1686 gegossene Glocke Emanuel.
Das gewaltige Kircheninnere wird durch die Beleuchtung von zwei Rosettenfenstern wirkungsvoll in Szene gesetzt. Das westliche zeigt Maria, das südliche eine Darstellung Christi. Erst Mitte des 19. Jahrhunderts wurde eine Sakristei angefügt, die heute die Schatzkammer mit den Reliquien beherbergt, darunter einen Nagel aus dem Kreuz Christi.

EIN STERN FÜR DEN NULLPUNKT

Unter dem Vorplatz der Kathedrale liegen die Überreste von 2000 Jahre alten Gebäuden. Die 120 Meter lange Krypta birgt Reste der merowingischen Kirche Saint-Étienne, Teile des Hafenkais von Lutetia, ein gallo-römisches Badehaus, die Stadtmauer aus dem frühen 4. Jahrhundert und Umrisse der von Haussmann entworfenen Abwasserkanäle. Die Ausstellung verdeutlicht in diesem ältesten Viertel, wie sich die »Stadt des Lichts« kontinuierlich über 2000 Jahre immer wieder neu erfunden hat. Der Eingang befindet sich gegenüber von Notre-Dame.
Schauen Sie vor Notre-Dame auf den Boden und suchen Sie den Point Zéro: An Frankreichs Nullpunkt ist eine Bronzeplatte mit einem Messingstern in das Pflaster eingelassen. Von hier aus werden alle Straßenentfernungen des Landes gemessen und laufen alle Nationalstraßen sternförmig zusammen.

WEITERE INFORMATIONEN

Notre-Dame
Täglich 7.45–18.45 Uhr geöffnet. Turmbesichtigung täglich 10–18.30, im Winter bis 17.30 Uhr. Metro: Cité
www.notredamedeparis.fr
Krypta
Di–So 10–18 Uhr. www.crypte.paris.fr

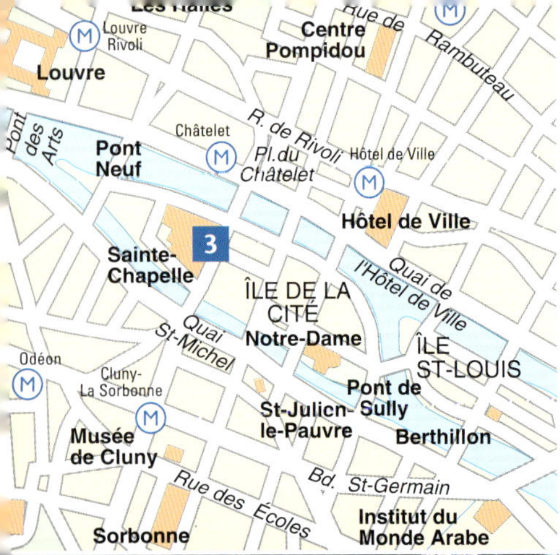

An eine Krypta erinnert die Unterkirche der Sainte-Chapelle (unten rechts), während die Hauptkirche mit ihren über 15 Meter hohen Strebepfeilern und den Bleiglasfenstern als »Tor zum Himmel« empfunden wird (oben). Der Dachdecker auf dem Jusitzpalast sieht die Sainte-Chapelle in ihrer ganzen Größe (rechts oben).

3 Sainte-Chapelle – Himmelstor

Ein heiliger Ort für eine dornige Reliquie

Das »Tor zum Himmel« wird die Sainte-Chapelle genannt. Wer von der niedrigen Kapelle hinaufsteigt in die Hauptkirche, kann jenem unbekannten Chronisten des 14. Jahrhunderts zustimmen, der beschrieb, wie es ist »... zum Himmel emporgerissen zu werden und in einen der schönsten Räume des Paradieses einzutreten«. Die Leuchtkraft der Buntglasfenster ist einfach atemberaubend.

Für diese Reliquie hatte der fromme König Ludwig IX. das Dreifache dessen bezahlt, was später der gesamte Aufbewahrungsort kostete: Vom Kaiser von Konstantinopel erhielt er um 1239 einen Dorn aus der Dornenkrone Christi. Der König war als tief religiöser Monarch Anführer zweier Kreuzzüge, was ihn schon zu Lebzeiten in den Ruf der Heiligkeit brachte. 1297, 27 Jahre nach seinem Tod, wurde er heiliggesprochen. Für diese Dornenkrone und einen Splitter vom Kreuz Christi (jetzt in der Schatzkammer von Notre-Dame) ließ Ludwig IX. im einstigen Königspalast die Heilige Kapelle bauen. Im Mittelalter sprachen die Gläubigen denn auch vom »Tor des Himmels«, weil die Kirche mit unbändiger Leichtigkeit bis in den Himmel zu ragen scheint, wenn man in ihrem Inneren an die sternenübersäte Decke blickt.

Die letzten Töne sind verklungen. Noch liegt der Zauber der »Nocturnes« von Frédéric Chopin in der Luft, die der französische Konzertpianist Florian Billot auf dem historischen Pleyel-Hammerklavier zu Gehör gebracht hat. Nur langsam setzt der Applaus ein, weil die Zuhörer noch ganz im Bann eines faszinierenden Schauspiels stehen: Während des Konzerts hat sich die Sonne gesenkt, ihr rotes Licht entzündet an den Buntglasfenstern der Kapelle eine Farborgie, und die vielen Motive strahlen.

Bürgerliche und König beteten getrennt

Das Meisterwerk der französischen Hochgotik entstand zwischen den Jahren 1242 und 1248 und ist zweigeschossig. Die untere Kapelle, in der Diener und Bürgerliche beteten, erinnert an eine Krypta. Eine Statue der Jungfrau Maria, Schutzpatronin der heiligen Stätte, empfängt am Portal die Besucher. Die Gewölbe, im 19. Jahrhundert bemalt mit der goldenen Lilie auf blauem Grund, sind nur 6,60 Meter hoch und werden in diffuses Zwielicht getaucht. Die Krypta birgt die älteste Wandmalerei von Paris, ein Fresko aus dem 13. Jahr-

hundert mit der Verkündung Mariä. Über eine schmale Wendeltreppe erreicht man die zweite, aufgesetzte Kapelle, die für die königliche Familie und ihr Gefolge bestimmt war.
Stellen Sie sich auf kleine Wartezeiten ein. Schon am Eingang sorgen Sicherheitskontrollen (bitte keine spitzen Gegenstände mitnehmen) für Warteschlangen wie am Flughafen. Doch lassen Sie sich nicht abschrecken, und steigen Sie dann auch die Stufen hinauf in die zweite Kapelle. Was für ein Unterschied! Die schwerelos wirkende Oberkirche scheint nur aus Glas und Licht zu bestehen. Diesen Eindruck verstärken die schlanken Strebepfeiler, die über 15 Meter hoch den sternenübersäten Himmel tragen. 15 Bleiglasfenster und ein riesiges Rosettenfenster lassen die Heilige Kapelle leuchten – gerade bei Sonnenschein ein unvergessliches Erlebnis. 14 der großen Fenster illustrieren mehr als 1000 biblische Szenen, von der Schöpfung bis zur Auferstehung Christi, das 15. erzählt die Geschichte der Passionsreliquien. Die Glasmalereien stammen zum Teil noch aus der Zeit Ludwigs IX.

Von der Genesis bis zur Apokalypse

Es lohnt sich durchaus, etwas länger vor den einzelnen Fenstern zu verweilen. Wer links vom Rosettenfenster im Uhrzeigersinn beginnt, kann die Heilige Schrift verfolgen von der Genesis über die Passion Christi (Fenster Nummer acht) bis hin zur Geschichte der Reliquien. Die 86 Bleiglastafeln des Rosettenfensters schließlich zeigen die Apokalypse. Dieses Fenster ließ Karl VIII. zwischen den Jahren 1493 und 1498 anfertigen. Die zwölf Apostel sind an den Strebepfeilern im Langhaus zu sehen.
Bis zur Französischen Revolution wurde die Sainte-Chapelle gern besucht. Eine versteckte Öffnung erlaubte es dem König, unbeobachtet an den Gottesdiensten teilzunehmen.
Während der Revolution wurde das »Tor zum Himmel« schwer beschädigt und auch profaniert. Erst 100 Jahre später wurde sie renoviert und erstrahlt seither in neuem Glanz. Jetzt dient die Sainte-Chapelle von März bis November als Ort für Konzerte.

KOSTENLOS SURFEN: PARIS WI-FI

Der Paris-Wi-Fi-Pass ist ein neuer Service für alle Smartphonebenutzer. In Paris hat die Stadtverwaltung Hunderte Hotspots installiert, sodass Touristen fast überall im Zentrum zwei Stunden lang kostenlos surfen können. Das bedeutet auch, dass man sich kostenfrei Apps ansehen kann. Dennoch: Vorsicht vor Roaming-Gebühren für Handys und Internetzugang! Fragen Sie im Hotel nach kostenlosem Wi-Fi. Für viele Paris-Besucher ganz oben steht die App der Métro Paris. Wer lieber mit dem Rad unterwegs ist, den informiert GoVélib' über die nächste Fahrradstation und die Zahl der Leihräder.
Schon zu Hause kann man sich verschiedene Touren in PDF-Format auf Handy oder MP3-Player laden. So ausgestattet, beschreitet man z.B. »les rues insolites de Paris« (ungewöhnliche Straßen von Paris) oder lauscht Musik und Dichtern.

WEITERE INFORMATIONEN

Sainte-Chapelle
Im Justizpalast, 4, boulevard du Palais.
Täglich 9.30–18 Uhr, im Winter 9–17 Uhr.
Metro: Cité. www.sainte-chapelle.monuments-nationaux.fr

Interaktives Paris
www.zevisit.com
www.metroparisiphone.com

Die gläserne Pyramide ist das (moderne) Wahrzeichen im Louvrehof (rechts oben). Die Venus von Milo (oben) ist neben der Mona Lisa das Kunstwerk, das die Besucher am häufigsten ansteuern. In der Salle du Manège bewundern die Besucher restaurierte antike Statuen (rechts unten).

4 Der Louvre – keine Angst vor so viel Kunst!

Ein Stelldichein von Venus, Rubens und Dior

Morgens früh oder kurz bevor der Louvre schließt, haben Sie die größten Chancen »La Joconde« ein paar Minuten studieren zu können. Meist ist die rätselhafte Schöne, deren Antlitz die Besucher aus aller Welt in den Louvre strömen lässt, dicht umringt. Wärter sorgen dafür, dass niemand der Glasscheibe zu nahe kommt, hinter der sich Mona Lisa, die schöne Florentinerin, lächelnd ihr Geheimnis bewahrt.

Der Louvre ist weit mehr als nur Heimstatt der Mona Lisa. 1190 ließ König Philipp II. Augustus an dieser Stelle eine Festung anlegen. Die Grundmauern der Türme und der Unterbau der Zugbrücke sind unter dem Sully-Bau, der Pyramidenhof und Cour Carrée trennt, zu besichtigen. 800 Jahre lang vergrößerten die Könige die Burg zu einem Palast, der mit Ende der Französischen Revolution in ein Museum umgewandelt wurde. Napoleon ließ den Louvre im 19. Jahrhundert restaurieren, und zwischen 1981 und 1999 wurde er komplett modernisiert.

Wahrzeichen ist seitdem die gläserne Pyramide im Louvrehof. Die transparente Rautenkonstruktion des US-Chinesen Ieoh Ming Pei ist eines jener Bauten, mit denen sich der ehemalige französische Staatspräsident François Mitterand ein Denkmal setzte – schließlich ist die Architektur als Herrschaftssymbol in der Historie Frankreichs und von Paris fest verankert. Früher bauten die Könige Paläste, ordnete ein Napoleon III. die Infrastruktur neu, in der Gegenwart erhielt die Stadt durch Mitterrand und seine *grands projets* ein modernes Gesicht.

Mit der neuen Architektur bekam der Louvre auch ein neues Konzept. Mit der Rolltreppe geht es durch die Pyramide hinab, nachdem man sich in der meist langen Schlange vor dem Eingang Schritt für Schritt auf den Haupteingang zubewegt hat. Unterirdisch verteilen sich die Besucherströme, dennoch findet man immer noch eine Sitzgelegenheit, um sich zu informieren, ehe es wieder mit Rolltreppen hinauf in die verschiedenen Museen geht.

Wenn Sie auf dem schnellsten Weg zur Mona Lisa wollen, dann folgen Sie einfach den vielen Reisegruppen, die – wie von einem unsichtbaren Band gezogen – schnurstracks auf den absoluten Besuchermagnet im Louvre zumarschieren.

Lichtdurchflutet ist die Eingangshalle des Louvre (oben) mit seinen unzähligen Schätzen: Mona Lisa (Mitte), Rubens-Bilder in der Galerie Médicis im Richelieu-Flügel (unten), die Bronzegruppe der vier »Captifs dit l'Empire« von Martin Desjardins (rechts oben), die Krönung Napoleons von Jacques-Louis David im Denon-Flügel, Saal 75 (unten rechts).

Die Mona Lisa – ein Mann?

Sie folgen dem Schild »La Joconde«, der französischen Übersetzung des Italienischen »La Gioconda«; so hieß die Ehefrau von Francesco del Giocondo. Sie ist die schöne Florentinerin, die Leonardo da Vinci von 1503 bis 1505 gemalt hat und die als Mona Lisa weltberühmt wurde. Eine »Schwester« fand sich Anfang 2012 im Prado-Museum in Madrid – wohl eine Schüler-Kopie des berühmten Gemäldes von Leonardo da Vinci – sind sich die Wissenschaftler einig. Und da behaupten italienische Kunsthistoriker, dass es vermutlich ein Mann war, der für Mona Lisa Modell gesessen habe. *Mon dieu!* Dabei handle es sich um den Schüler und mutmaßlichen Geliebten des Künstlers, Gian Giacomo Caprotti alias Salai. Vergleiche mit »Johannes der Täufer« etwa würden Ähnlichkeiten in den Nasen- und Mundpartien aufweisen, beteuert der Vorsitzende des italienischen Komitees für das kulturelle Erbe des Landes, Silvano Vinceti. Zudem will er in den Augen der Mona Lisa ein »L« für Leonardo und ein »S« für Salai erkannt haben. Der Louvre bezweifelt natürlich diese Aussagen und verweist auf eine gründliche Untersuchung in den Jahren 2004 und 2009, die altersbedingte Risse, aber keine Inschriften, Buchstaben und Ziffern zeigten.

Unfreiwilliger Ausflug nach Florenz

Ja, die Italiener! »Ich wollte das Meisterwerk unseres Vaterlandes wieder zurückbringen«. Mit diesen Worten verteidigt Vincenzo Peruggia, 1913 ein einfacher Arbeiter und 32 Jahre alt, sein Tun, das über zwei Jahre lang die Welt, allen voran Paris, in Atem gehalten hat: Am 21. August 1911 wird die Mona Lisa aus dem Louvre gestohlen! Einen Tag später findet die Polizei im Personaltreppenhaus des Louvre den prächtigen Rahmen, der kurz zuvor noch das Bild schmückte. Auch die Glasplatte, die es schützte, ist unversehrt, und an ihr kann man einen Fingerabdruck erkennen – eine sehr moderne Ermittlungsmethode, die man anwendet. Dennoch tappt die Polizei lange im Dunkeln. Verschwörungstheorien machen die Runde, Deutschland stecke hinter dem Diebstahl, neureiche amerikanische Tycoons, eine sogenannte »Pinon-Bande« bietet die Mona Lisa zum Kauf an, doch der Deal platzt. Das Meisterwerk gilt als unwiederbringlich verloren. Bis man in den Uffizien in Florenz die Mona Lisa angeboten bekommt und Direktor Poggi nicht schlecht staunt, als er tatsächlich das Original vor sich liegen sieht. Währenddessen wartet der Überbringer als Belohnung auf 500 000 Lira, heute etwa 1,5 Millionen Euro. Doch statt des erhofften Geldsegens steht die Polizei vor der Tür im Hotel Tripoli und verhaftet Peruggia, dessen Fingerabdruck zwei Jahre zuvor am Bilderrahmen gefunden worden war. Seit Januar 1914 hängt die Mona Lisa wieder an ihrem angestammten Platz im Louvre.
Und führt – zusammen mit der »Venus von Milo« und dem Gemälde von Eugène Delacroix zur Julirevolution 1830 »Die Freiheit führt das Volk« – die Top Ten der meistgesehenen Kunstwerke im Louvre an. Über 350 000 Werke umfasst der Fundus des wohl größten und berühmtesten Museums der Welt.

Gezeigt werden davon etwa zehn Prozent, rund 30 000 Exponate. Der Bogen der Kunstepochen spannt sich von den Etruskern und Assyrern des 6. bis 8. Jahrhunderts v. Chr. über ägyptische und griechische Sarkophage und Tempel bis hin zu Skulpturen des 12. bis 19. Jahrhunderts, etwa Michelangelos »Gefesselte Sklaven« oder Riemenschneiders »Madonna der Verkündung«.
Drei Flügel – Richelieu, Sully und Denon – führen in die insgesamt 198 Säle des Louvre. El Greco, Velázquez, Dürer, Cranach, Rembrandt, Giotto, Botticelli, Caravaggio, Clouet, La Tour … die Liste der hier vertretenen berühmten Maler aus dem 13. bis 19. Jahrhundert ließe sich noch lang fortsetzen.
Wer Rubens in der Aufzählung vermisst hat – *voilà:* Die Galerie Médicis zeigt im Richelieu-Flügel an der Rue de Rivoli 24 Gemälde des flämischen Meisters aus den Jahren 1622 bis 1625. Der Westpavillon des Nordflügels zeigt im Musée des Arts Décoratifs Möbel und Gebrauchsgegenstände vom Mittelalter bis zum Anfang des 20. Jahrhunderts. Das benachbarte Musée de la Mode verzückt mit Garderobe vom 16. Jahrhundert bis in die Neuzeit, darunter Kreationen von Chanel, Dior oder Cardin.

Mit Spicker geht's leichter

Es lohnt sich, vorab einen kleinen Merkzettel mit den Kunstwerken zu erstellen, die man sehen möchte, das Angebot ist zu groß. Abseits der Hauptroute »Mona Lisa – Venus von Milo« ist es gleich bedeutend ruhiger. Hier kann man auch einmal ohne laute Besuchermassen die Werke auf sich wirken lassen.
An einigen Seiteneingängen herrscht weniger Betrieb, etwa in der Cour Carrée oder am Carrousel du Louvre mit seinen Galerien, Garderoben, Läden und Sanitärbereichen. Wer den Louvre durch die Cour Carrée Richtung Metrostation Rue de Rivoli verlässt, dessen Blick fällt auf die majestätische Säulenreihe an der Ostfassade. Diese großartige Kolonnade wurde von Claude Perrault zwischen 1667 und 1674 erschaffen.

ÖFFNUNGSZEITEN IN DEN MUSEEN

Die meisten staatlichen Museen haben am Dienstag geschlossen, die städtischen am Montag. An Sonntagen (meist den ersten im Monat) und Feiertagen gewähren die meisten staatlichen Häuser freien Eintritt. In den Museen der Ville de Paris ist der Eintritt zu den ständigen Sammlungen an allen Tagen kostenlos. Wer Menschenschlangen umgehen möchte, kann sich auch die *nocturnes* merken, die Abendöffnungen, in der Regel bis 21 oder 22 Uhr.
365 Tage im Jahr geöffnet sind der Eiffelturm und der Montparnasse-Turm.
Da die Eintrittspreise zwischen 6 und 12 Euro liegen, lohnt sich der Kauf des »Paris Museum Pass«, mit dem man freien Eintritt in über 60 Museen und Sehenswürdigkeiten erhält. Diesen Pass gibt es in fast allen Museen und Metrostationen sowie online, ebenso in den Filialen von FNAC, Carrefour oder Auchan.

WEITERE INFORMATIONEN

Museum Louvre
Place du Louvre, Tel. 01-40 20 50 50.
Mi–Mo 9–18 Uhr, Mi und Fr bis 22 Uhr.
Metro: Palais Royal
www.louvre.fr
www.parismuseumpass.com

Symmetrie bestimmt den ältesten Park von Paris, den Jardin des Tuileries, zwischen Louvre und Place de la Concorde. Herrliche Alleen (unten rechts) und üppige Grünanlagen (oben) ermuntern zum Flanieren, zwischen den zahlreichen Marmorstatuen (unten) erholen sich Einheimische und Touristen und knabbern dabei gern Macarons (oben rechts).

5 Jardin des Tuileries – sehen und gesehen werden

Ziegelöfen gaben den Namen

Eine Decke, einen Picknickkorb und eine Flasche Wein – mehr braucht es nicht, um es sich im Jardin des Tuileries gemütlich zu machen. Das zelebrieren Brautpaare ebenso wie junge Frauen und Männer im Businesslook zur Mittagszeit, Familien aller Hautfarben und Schulklassen, Flaneure und Spaziergänger – sie alle genießen das historische Grün zwischen Louvre und Place de la Concorde.

Große, weiße Sonnensegel sind an einer Stelle aufgestellt, junge Frauen und Männer huschen aufgeregt hin und her, ein Gettoblaster beschallt die unmittelbare Umgebung. Immer wieder sind Rufe zu hören – eine Modesession findet statt. Die jungen Models tragen gewagte Frisuren, die sicher auch Madame Pompadour hätten erblassen lassen. Gehüllt sind sie in weiße Kreationen – Hochzeitskleider, wer weiß? Auf welchem Cover der französischen Modeblätter man wohl diese Kleider später finden wird?

Wieder einmal war es der Meister seiner Zeit, der Mann mit dem perfekten Auge für Sichtachsen, Blicktäuschungen, Spielereien mit der Natur, Landschaftsarchitekt André Le Nôtre, der ab 1664 hier seinen Fantasien freien Lauf lassen durfte. Symmetrie hieß und heißt das Zauberwort in dem Park, der nicht nur der älteste von Paris ist, sondern der auch immer wieder im Zentrum der jüngeren Geschichtsschreibung stand: 1792 wurde die Schweizergarde des Königs niedergemetzelt. Und Frankreichs erster Autosalon fand 1898 hier statt.

Das hätte den Königen und dem Adel sicher gefallen, die im Tuileriengarten rauschende Feste feierten mit Musik, Wasserspielen und Feuerwerk. Und auch die Models, die auf Zuruf des Fotografen posen, der Kamera ihr schönstes Lächeln schenken und manchmal auch ganz ernst schauen, hätten vor den kritischen Augen der höfischen Weiblichkeit sicherlich bestanden.

Barocke Flügelrosse am Eingang

Den Namen erhielt der Garten übrigens von den zahlreichen Ziegelöfen, in denen die *tuiles*, die Ziegel, für die umliegenden Wohngegenden gebrannt wurden. Nun haben auch andere Hand angelegt an den von Le Nôtre entworfenen Park. An der Ostseite der Place de la Concorde bewachen barocke Flügel-

rosse den Eingang zum Garten. Ein Ballspielhaus für das allseits beliebte Jeu de Paume durfte nicht fehlen, inzwischen zeigt hier das Centre National de la Photographie Ausstellungen namhafter Fotografen. Das Musée de l'Orangerie gegenüber beherbergt Gemälde von Cézanne, Renoir und Matisse – und den fast 100 Meter langen Fries »Nympheas«, die Seerosen, von Monet. Im Zuge des Louvre-Umbaus erhielt der Jardin des Tuileries eine zeitgemäße Rundumerneuerung, verantwortlich dafür zeichneten der Belgier Jacques Wirtz und das französische Team Pascal Cribier und Louis Benech. Nun ist der Tuileriengarten praktisch erweitert worden um den Jardin du Carrousel, ein neues Zentrum: der kleine Triumphbogen in der Cour du Carrousel. »Klein« deshalb, weil er nur 14,6 Meter hoch ist und die Siege Napoleons über Österreich feiert.

Ein großes, grünes Freilichtmuseum

Wer bei schönstem Sonnenschein den Weg in eines der vielen Pariser Museen scheut, der kommt im Jardin des Tuileries richtig auf seine Kosten. Im großen Freilichtmuseum entdeckt man zwischen den Bäumen, Sträuchern und Rasenflächen Statuen und moderne Skulpturen. Künstler wie Henry Moore, Auguste Rodin und Richard Serra haben hier ihre Werke ausgestellt.

Die fotogene Hochzeitsgesellschaft ist abgezogen, die Bilder sind auf dem Laptop und haben wohl die erste Durchsicht überstanden. Die Make-up-Artisten haben ihr Handwerkszeug wieder verstaut, und die Mädels – jetzt wieder in Jeans und T-Shirt – haben den Weg zum Bistro auf einen Absacker angetreten.

Ein paar Schritte sind es von hier auf der Rue Royale zur Madeleine-Kirche, die Napoleon als »Ruhmestempel der Armee« konzipierte und die unter Ludwig XVIII. Pfarrkirche wurde. Carlo Marochetti schuf 1837 den Hochaltar mit der Marmorgruppe »Himmelfahrt der Maria Magdalena«. Napoleon I., Dante und auch Konstantin d. G. kann man außer Christus noch in dem gewaltigen Fresko über dem Altar entdecken.

PARADIES FÜR GOURMETS

An der Place de la Madeleine überbieten sich die Delikatessenläden mit unwiderstehlichen Köstlichkeiten. Üppig dekoriert ist die legendäre Feinkosthandlung Fauchon. Trüffel, bevorzugt aus dem Périgord, und eine unbeschreibliche Gänseleberpastete offeriert die Maison de la Truffe. Bereits seit 1854 beliefert das Feinkostgeschäft Hédiard Gastronomie und Privathäuser mit Leckereien aus der ganzen Welt. Zu den bekanntesten Weinhandlungen zählt Lavinia mit einem Angebot von mehr als 5000 Flaschen Wein und Spirituosen.

Legendär sind die Macarons von Ladurée in der angrenzenden Rue Royale. Dieser Hauch von einem Nichts, gefüllt mit feinsten süßen Cremes – oder herben – birgt erhöhte Suchtgefahr. Ofenfrisch schmecken sie am besten. Wie die quietschbunten, feinen Baisers gelingen, erklärt ein Zuckerbäcker-Kurs vor Ort (lacuisineparis.com).

WEITERE INFORMATIONEN

Jardin des Tuileries
Metro: Tuileries

La Madeleine
Place de la Madeleine.
Täglich 9.30–19 Uhr.
Metro: Madeleine

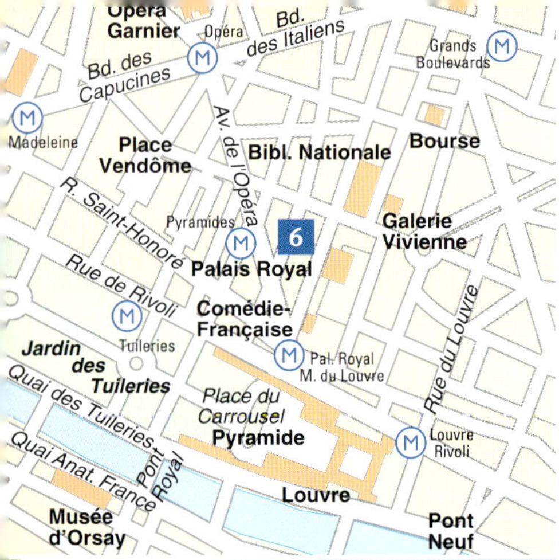

Das Palais Royal war lange Treffpunkt der Aristokratie, später wurde der Garten mit seinen Baumskulpturen (oben) zum Agitationsfeld der Revolutionäre. Revolutionär auch die Installation des französischen Künstlers Daniel Buren (unten rechts). Dennoch strahlt das Wappen (oben rechts) am Eingangportal zu den königlichen Arkaden (unten).

6 Palais Royal – Keimzelle der Revolution

Skater zwischen schwarz-weißen Marmorsäulen

Wer unter den Arkaden des Palais Royal am gleichnamigen Platz seinen *café crème* schlürft, weiß vielleicht gar nicht, an welch geschichtsträchtigem Ort er sich hier befindet. 1789 erklang von hier aus der laute Ruf nach »Freiheit, Gleichheit, Brüderlichkeit«, der viel verändern sollte. Später erregten die 260 schwarz-weißen, achteckigen Säulen im Hof großes Aufsehen.

Einen wahrhaft königlichen Palast nahezu in Rufweite zum Louvre ließ sich 1629 Kardinal Richelieu als Erster Minister unter Ludwig XIII. errichten. Nach seinem Tod fiel das prachtvolle Gebäude, in dem Ludwig XIV. seine Kindheit verbracht hatte, an die Krone. Im 18. Jahrhundert war es Sitz der Herzöge von Orléans und ein beliebter Treffpunkt der Aristokratie. Doch auch Künstler, Schriftsteller und Kurtisanen versuchten in den Spielsälen ihr Glück und vergnügten sich in den Clubs. Denn die Polizei hatte hier nichts zu sagen, ihr war der Zutritt zum Besitz des Herzogs verwehrt. So mancher hat im Palais Royal ein Vermögen verloren – General Blücher etwa, so erzählt man sich, 1815 in einer einzigen Nacht. Dann aber waren die Zeiten als Spielcasino vorbei, Louis-Philippe beanspruchte den Gebäudekomplex wieder für sich – einer seiner Bibliothekare übrigens war Alexandre Dumas.

1872 und 1876 fanden umfangreiche Renovierungen statt. Im Kardinalsgebäude sind jetzt Staatsrat, Verfassungsrat und das Kultusministerium untergebracht. Das sorgte 1986 für einige Irritationen unter der Pariser Bevölkerung, als der französische Künstler Daniel Buren seine schwarz-weißen, unterschiedlich hohen Säulen im Hof des königlichen Palastes aufstellen durfte. Er nennt sein Kunstwerk »Les deux plateaux«, die Skateboarder nennen es »Parcours« und führen hier ihre Kunststücke vor.
Westlich des Palais, in der Rue de Richelieu, befindet sich die Comédie-Française, die von Ludwig XIV. 1680 ins Leben gerufen wurde, um den Adel bei Hofe zu unterhalten. Das ursprüngliche Theater des Kardinals, in dem schon Molière auftrat, war 1763 ein Raub der Flammen geworden. Das Haus verfügt über drei Bühnen, auf denen zwar das Erbe Molières hochgehalten wird, aber auch der Anschluss an die Moderne stattfindet.

Der Herzog als Immobilienmakler

Nobelgeschäfte, Antiquitäten- und Briefmarkenläden, Cafés und Restaurants haben eine Heimat unter den Arkaden gefunden. Das Palais Royal war auch ein beliebter Wohnort für Künstler: Jean Cocteau hatte in diesem Gebäude lange eine Wohnung. Colette starb 1954 in einem Zimmer im Palais, der Schauspieler Jean Marais zählte zu den Anwohnern. Wer unter den Arkaden an den Geschäften und Cafés entlangspaziert, kommt in den lang gestreckten Garten des Palais Royal. Zu Zeiten Richelieus hatte er noch ganz andere Ausmaße. Doch Philippe, den Herzog von Orléans, drückten 1780 gewaltige Schulden. Aus dieser finanziellen Bedrängnis heraus hatte er die Königsidee: Er ließ von Victor Louis an drei Seiten des Gartens einheitliche Wohnhäuser bauen und bot diese dann zum Verkauf an – sie fanden reißenden Absatz, und der Herzog war finanziell wieder flüssig. Später sollte man ihn als Drahtzieher in der Französischen Revolution ausmachen, hatte er doch seine Gärten für das Volk geöffnet und zu Zeiten der Hungersnot die Armen beschenkt. Auch nannte er sich Philippe Égalité.

Revolution und Restaurant

Kein Wunder also, dass sich 1789 von hier aus die Französische Revolution ausbreitete. Der Garten des Palais Royal war beliebter Treffpunkt der Revolutionäre, deren Ruf nach »Freiheit, Gleichheit und Brüderlichkeit« bald in ganz Paris erscholl und zum Sturm auf die Bastille führte. Am Vorabend rief hier im Garten Camille Desmoulins das Volk zu den Waffen.
Fünf Jahre zuvor war im Palais Royal, das Philippe Égalité gehörte, das Restaurant Le Grand Véfour eröffnet worden, das bis heute Spitzengastronomie verspricht. Hier speisten schon Napoleon und Victor Hugo, das bezaubernde Directoire-Interieur steht unter Denkmalschutz. Frankreichs Spitzenkoch Guy Martin schwingt an diesem historischen Esstempel erfolgreich den Kochlöffel.

SCHWINGEN SIE SICH AUFS VÉLIB'

Seit 15. Juli 2007 prägen die langen Radreihen der automatischen Ausleihstationen auch das Bild von Paris. Die Stadt auf zwei Rädern erkunden, das wollen immer mehr Touristen, und auch für Einheimische ist diese Fortbewegungsart mehr als attraktiv. Die erste halbe Stunde ist kostenlos, ein Tag kostet 1,70 Euro. Man kann die Tickets auch im Internet kaufen, an der Ausleihstation sollten Sie Ihre Kreditkarte bereithalten.
1800 Ausleihstationen gibt es mittlerweile in Paris, knapp 21 000 Räder stehen zur Verfügung, das Radwegenetz wird bis 2013 auf fast 600 Kilometer erweitert, dargestellt im Plan »Paris à Vélo«.
VeloParis bietet geführte Touren auf dem Fahrrad an, etwa »Paris bei Nacht« oder ins »Herz von Paris«. Man kann die Stadt mit Rollerblades (jeden Freitagabend ab dem Montparnasse-Turm) oder mit dem Segway erkunden.

WEITERE INFORMATIONEN

www.velib.paris.fr, www.veloparis.com
Comédie-Française
2, rue de Richelieu, Tel. 01-44 58 15 15.
www.comedie-francaise.fr

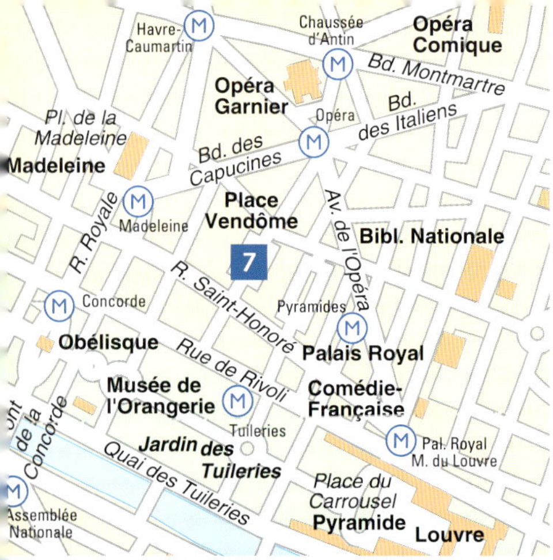

Ein doorman, wie es neudeutsch heißt, begleitet betuchte Kundschaft gerne ins Juweliergeschäft Cartier (rechts oben). Es befindet sich in illustrer Gesellschaft auf dieser exquisiten Einkaufsmeile und in Nachbarschaft des Hotel Ritz (unten rechts). Alle Gebäude gruppieren sich um die Place Vendôme mit der Napoleon-Säule in der Mitte (oben).

7 Place Vendôme – eine noble Adresse

Wer schaut da schon auf eine Säule?

Wer über die Place Vendôme schlendert, sieht selten die Säule in der Mitte. Zu verlockend sind die Auslagen mit kostbarem Schmuck von Juwelieren und Designern. Und, ja, das Hotel Ritz! Da für viele unerschwinglich, hat es sich eingebürgert, auf dem großen Platz vor der Nobelherberge zu rasten und zu schauen und zu warten. Worauf? Es könnte ja eine Berühmtheit wie einst Lady Diana das Hotel verlassen.

Bereits im 17. Jahrhundert verdienten sich ehrbare Bürger ihr Geld mit Grundstücksspekulationen. Eine Place des Victoires, ein Platz zur Verherrlichung Ludwigs XIV., sollte entstehen. Doch das konnte wahrlich nicht Sache eines Privatmanns sein! So erhielt der Marquis de Louvois 1685 von König Ludwig XIV. den Auftrag, das Hôtel de Vendôme und den Couvert des Capucines zu kaufen, die an die Nordseite der Rue Saint-Honoré anschließen. Geplant war, diese Gebäude für die königlichen Akademien, die königliche Bibliothek und für Botschaften zur Verfügung zu stellen. Der Architekt Jules Hardouin-Mansart hatte gemeinsam mit Germain Boffrand erste Pläne gezeichnet, die Verwirklichung vertraglich geregelt. Denn er hatte auch als Spekulant großes Interesse daran, dass seine Pläne realisiert wurden. Demnach öffnet sich die rechteckige Place Vendôme komplett nach Süden zur Rue Saint-Honoré.

Juwelen und teure Uhren

Doch 1699 verlor der König das Interesse an den Grundstücken und verkaufte sie an die Stadt. Finanzielle Gründe dürften eine Rolle gespielt haben, das Staatsoberhaupt war wohl etwas knapp bei Kasse. Die Stadtverwaltung ließ privaten Wohnraum schaffen und sicherte sich so eine solide Einnahmequelle. Bankiers richteten sich hier prunkvoll ein und bezogen ihre Stadthäuser. Um die rege Nachfrage an Baugrund an dieser exquisiten Stelle zu befriedigen, wurden noch mehr Häuser gebaut, der Platz bis auf die querende Straße geschlossen. Auch viele der weiteren Baumaßnahmen waren in der Folge darauf ausgerichtet, Verkaufsgewinn und Ertrag zu maximieren. Ursprünglich war vorgesehen, die Fassaden durch Arkaden aufzulockern – wie dies am Vogesenplatz (Place des Vosges) geschehen ist. Doch die neuen Besitzer und Mieter brauchten Platz. So markieren nun Rundbögen die Arkadenform. Auf den Markisen lassen

sich die Namen der exquisiten Geschäfte ablesen, die sich heutzutage hier rund um das Hotel Ritz angesiedelt haben: Cartier, Van Cleef & Arpels, Chanel, Jaeger-LeCoultre, Christian Dior, Boucheron, Bulgari – um nur ein paar zu nennen. Das französische Justizministerium dürfte zusammen mit einigen international tätigen Versicherungsgesellschaften die nobelste Adresse unter den Ministerien haben und befindet sich in unmittelbarer Nachbarschaft zum Hotel Ritz. Gern verweilt man auf dem Platz, immer mit einem Auge auf den Eingang der legendären Nobelherberge, könnte ja jemand durch die Drehtür kommen, den man aus Film oder Fernsehen kennt … Gleichzeitig kann man unauffällig im Geldbeutel kramen und überschlagen, ob man sich nicht doch einen Drink in der legendären Hemingway-Bar gönnen sollte.

Kriegsszenen, und oben thront Napoleon

Betrachten Sie doch in aller Ruhe die Vendôme-Säule, die mitten auf dem Platz exakt 43,50 Meter in die Höhe ragt. Bereits 1699 wird hier ein sieben Meter hohes Reiterstandbild von Ludwig XIV. auf einem zehn Meter hohen Sockel eingeweiht – noch bevor der Platz sein endgültiges Aussehen erhalten hatte. 1792 wird es zerstört und 1810 durch die jetzige große Säule ersetzt. Sie ist eine Nachahmung der Trajanssäule in Rom und wurde aus dem Metall von 1200 erbeuteten österreichischen und russischen Kanonen gegossen. Auf dem Relief kann man Szenen aus dem Krieg gegen Österreich und Russland erkennen. Ganz oben auf der Säule steht Napoleon im römischen Kaiserornat. Im Inneren der Säule gibt es eine steile Wendeltreppe, die jedoch nicht zugänglich ist.
Die Säule wurde 1871, während der Pariser Kommune, zerstört, wofür auch der Maler Gustave Courbet verantwortlich gemacht wird. Es heißt, er sei ins Schweizer Exil gegangen, als er hohe Schadensersatzforderungen des Staates auf sich zukommen sah, seine Bilder wurden beschlagnahmt. Erst 1873/74 wurde die Säule wieder aufgebaut.

LEGENDÄR, MIT VIEL HISTORIE

Im Herzen von Paris, an der Place Vendôme, eröffnete César Ritz am 1. Juni 1898 sein Hotel, in dem sich die Großen der Welt wie zu Hause fühlen sollten. Er ließ das Haus prachtvoll ausstatten. »Ein kleines Haus, an das ich meinen Namen mit Stolz schreiben kann«, schwebte dem Hotelier aus der Schweiz vor, gefunden hat er ein Gebäude, das 1685 in der Ära von König Ludwig XIV. gebaut wurde. Bald gaben sich Marcel Proust, Coco Chanel (»Das Ritz ist mein Zuhause«) und vor allem Ernest Hemingway die Klinke in die Hand. Der amerikanische Schriftsteller teilte seine Liebe zur Fischerei mit Charles Ritz, dem Sohn des Hotelgründers. Berühmt ist im Ritz deshalb auch die Hemingway-Pianobar mit Wandvertäfelung und Ledersesseln.
In jüngerer Geschichte erregte das Hotel weltweites Aufsehen, weil von hier aus am 31. August 1997 Prinzessin Diana zu jener Fahrt aufbrach, die sie und ihren Begleiter Dodi Al-Fayed das Leben kostete. Er stammte aus der Al-Fayed-Familie, jetzige Besitzerin des Hotel Ritz.

WEITERE INFORMATIONEN

Ritz Paris
15, place Vendôme, Tel. 01-4316 30 30.
www.ritzparis.com

Platz für die Kunst! Dazu haben die Architekten das Innere nach außen gekehrt (rechts oben) und dem Museum das Aussehen einer Fabrik verliehen. Die Besucher erholen sich nach dem Besuch zeitgenössischer Kunst (unten) auf der Terrasse des Restaurants »Le Georges« (rechts unten). Kunst vor der Tür: der Strawinsky-Brunnen (oben).

8 Centre Pompidou – die Kunstfabrik im Beaubourg

Picasso und die Salzsteuer

Eine Stätte der Begegnung sollte es werden, erklärte Staatspräsident Georges Pompidou. Er wollte alle Kunstarten versammeln und allen Menschen freien Zugang dazu eröffnen – *voilà*: Es entstand das Centre Pompidou mit seiner Fassade aus Glas und Stahl und den markanten bunten Röhren. Das hätte sicher auch Picasso gefallen, dessen Werke nicht weit entfernt im »Salzpalast« aus dem Jahr 1656 hängen.

Der französische Staatspräsident lachte sich ins Fäustchen: »Na, das wird ein Geschrei geben«, soll Georges Pompidou gesagt haben, als er zum ersten Mal die Pläne für das geplante Kulturzentrum mitten in Paris sah. Er ließ es bauen – und seine Kritiker verstummten bald. Zu groß war und ist die Begeisterung über dieses Centre Pompidou, das sich abhebt von den alten, ehrwürdigen Gebäuden des Beaubourg-Viertels. Ganz in der Nähe des Forum des Halles hat sich hier eine lebendige Kneipenkultur entwickelt. Das Café Beaubourg in der Rue Saint-Martin direkt vor dem Centre Pompidou lädt auf die schwarzen und roten Sitze ein, es wurde 1987 eröffnet und von Stararchitekt Christian de Portzamparc eingerichtet. Am Square des Innocents, einem wichtigen Verkehrsknotenpunkt im lebendigen Beaubourg-Bereich, steht der letzte Renaissancebrunnen von Paris. Daran kann man entlangschlendern, wenn man sich durch das Straßengewühl zwischen Les Halles und Centre Pompidou treiben lässt. Delikatessenläden, Metzger, Marktstände, Geschäfte mit verlockender Käse- und Fischauswahl bringen gerade in der Rue Montorgueil das geschäftige Treiben zurück, das wohl zu Zeiten der historischen Markthallen hier geherrscht haben dürfte.

Die Besucher sind erstaunt, als am 31. Januar 1977 das »Nationale Zentrum für Kunst und Kultur Georges Pompidou« eröffnet wird. Das Gebäude sieht aus wie eine komische Maschine, wie eine Fabrik. Das soll ein Museum sein? Ja – und noch mehr! Denn im Centre Pompidou, wie es schlicht genannt wird, ist nicht nur das Nationalmuseum für Moderne Kunst untergebracht, sondern sind auch Theater, Kinos, wissenschaftliche Institute, eine Kinderwerkstatt und Bibliotheken. Pompidou wollte eine Stätte der Begegnung. Er wollte alle Kunstarten versammeln,

sée national d'art moderne

Das eigenwillige Gebäude besticht außen mit seinen vielen Röhren (unten), im Inneren durch Ausstellungen zeitgenössischer Künstler (unten rechts) und präsentiert am Abend das nächtliche Paris (oben). Rund um das Museum unterhalten Artisten und Clowns (Mitte) die Gäste, die auch in den nahe gelegenen »Hallen« flanieren (oben rechts).

und seine Vision war es, allen Menschen freien Zugang dazu zu eröffnen. Deshalb konnte man über Jahre das Museum besuchen, ohne Eintritt zu bezahlen, inzwischen hat sich das geändert: Karten kann man online bestellen oder mit Kreditkarte gleich aus den Automaten ziehen und damit manche Warteschlange umgehen.

Ein Gewirr aus bunten Rohren

Pompidous Idee sollte sich auch in der Architektur widerspiegeln. Entworfen wurde sie von Renzo Piano, Richard Rogers und Gianfranco Franchini, die das Innere nach außen kehrten. Wer auf das Gebäude zugeht, dessen Blick bleibt an dem unübersichtlichen Wirrwarr an Rohren, Leitungen und Rolltreppen hängen. Die gesamte Versorgung des Gebäudes – Wasser, Strom, Belüftung, Treppen – wurde nach außen verlegt. Jede Zufuhr hat eine eigene Farbe. In den gelben Rohren etwa liegen die elektrischen Leitungen, die riesige Rolltreppe, die sich an der Außenfassade nach oben schlängelt, ist rot. Blau steht für Luft und Grün für Flüssigkeiten.

Die Planer rechneten mit etwa 5000 Gästen am Tag, es wurden und sind bis zu 25 000. Dem hat man im Inneren Rechnung getragen. War es durch die Verlegung der Versorgung nach außen möglich, die Wände nach Belieben zu verschieben und zu gestalten, strebte man mit umfangreichen Renovierungsarbeiten von 1997 bis Dezember 1999 weitere gigantische Ausmaße an: Die Ausstellungsfläche des Museums für Moderne Kunst wurde von 4500 auf 14 000 Quadratmeter vergrößert. Neu gestaltet und erweitert wurden auch die Empfangsbereiche, Anlaufstelle Nummer eins der jährlich etwa sechs Millionen Besucher. Die Rechnung von Georges Pompidou ist aufgegangen: In dem über 30-jährigen Bestehen kamen über 190 Millionen Besucher in das außergewöhnliche Ausstellungsgebäude.

Moderne Kunst und wechselnde Ausstellungen

Zurück zum eigentlichen Kern des Museums, der Kunst. Das Nationalmuseum für Moderne Kunst (MNAM) bietet eine der schönsten und umfangreichsten Sammlungen moderner und zeitgenössischer Kunst von 1905 bis heute, führt vom Fauvismus mit Bildern von Matisse zum Kubismus eines Braque, Picasso oder Gris zur abstrakten Kunst der 1920er- bis 1960er-Jahre, dargestellt durch Mondrian, Kandinsky, Malevitch. Die Maler Magritte und Dalí stehen für den Surrealismus, Christo für den Neuen Realismus, und selbstverständlich ist die amerikanische Kunst mit Pop-Art-Künstler Andy Warhol, mit Pollock und Johns vertreten.

Daneben sind im sechsstöckigen Gebäude Wechselausstellungen weitere Besuchermagnete. Das Restaurant ganz oben lädt mit einem fantastischen Rundblick über die Stadt zum Verweilen ein. Günstiger kommt man aber mit einer Crêpe aus der Hand vor dem Gebäude davon. Die Artisten, Musiker und Feuerschlucker gibt es gratis dazu – ebenso den Blick auf den nahe gelegenen Strawinsky-Brunnen mit seinen bunten, wasserspeienden Gestalten. Jean Tinguely und Niki de Saint Phalle haben ihn entworfen und sind auch mit anderen Werken im Centre Pompidou vertreten. Was so alles

los ist auf der Place, das sieht man auch vom Museum aus, denn seine westliche Fassade ist transparent.
Inzwischen gibt es ein weiteres Centre Pompidou: 2010 wurde in Metz eine Außenstelle eröffnet – auch wieder ganz besonders: Das Museum hat ein sechseckiges Dach, weil Frankreich die Form eines Sechsecks zeigt.

Picasso und Brâncuşi

Die Brâncuşi-Werkstatt gleich um die Ecke präsentiert eine großartige Sammlung von Skulpturen aus der Hand des rumänischen Künstlers Constantin Brâncuşi, der in Paris lebte und arbeitete. Das Atelier selbst ist eine Rekonstruktion durch Renzo Piano, denn das alte war zerstört worden.
Bilder von Picasso dürfen im Centre Pompidou nicht fehlen. Doch wer noch mehr über den außergewöhnlichen Künstler erfahren will, steuert das Hôtel Salé im Marais an. Dieses Haus ließ Pierre Aubert de Fontenay 1656 erbauen, er war unter König Ludwig XIV. Eintreiber der Salzsteuer. Das brachte dem Haus auch den Namen ein, heißt *salé* doch gesalzen. Er hat in André Malraux einen würdigen Nachfolger gefunden. Der Kulturminister führte die Begleichung von Erbschaftssteuern mit Kunstschätzen ein. Das machten sich die Erben von Picasso, der 1973 starb, gleich zunutze und bezahlten die fällige Steuer mit einer Schenkung des umfangreichen Lebenswerks. Der Grundstock für das Picassomuseum im Hôtel Salé war gelegt. Seit 1985 zählte das Museum mehr als zwölf Millionen Besucher, die das große Werk des Spaniers bewundern konnten. Hunderte von Gemälden, Stichen, Zeichnungen, Keramiken und Statuen hat das Musée national Picasso Paris ausgestellt, zudem Picassos private Kunstsammlung mit Werken von Cézanne, Matisse und Modigliani.
Das Museum hat voraussichtlich ab Frühjahr 2013 nach umfangreichen Renovierungsarbeiten wieder geöffnet. Während dieser Zeit sind Picassos Werke im Centre Pompidou, im Musée de l'Orangerie sowie im Kunstmuseum im Palais de Tokyo zu sehen.

DER UMBAU DER HALLEN

Das »neue Herz von Paris« soll hier nach dem Willen der Stadt kräftig schlagen. Die Operation am offenen Herzen wird bis 2016 dauern. Dann wird der ehemalige Markthallen-Komplex, Les Halles, neu erstrahlen. Eine Milliarde Euro sind veranschlagt, nun obliegt Patrick Berger und Jacques Anziutti die Planung des neuen Gebäudes La Canopée, eines fußballfeldgroßen Shopping-Hangars.
Einst befand sich hier der Großmarkt der Metropole mit Pavillons aus Glas und Metall, 1848 von Victor Baltard entworfen. 1969 war deren Zeit vorbei, 1978 eröffnete das unterirdische Einkaufs- und Freizeitzentrum Forum Les Halles. Bis in die 80er-Jahre war es mit seiner Glas-Stahlkonstruktion ein Touristenmagnet – im »Bauch« liegt der größte Untergrundbahnhof Europas, Châtelet-Les Halles.

WEITERE INFORMATIONEN

Centre Pompidou
Place Georges Pompidou,
Tel. 01-44 78 12 33. Mi–Mo 11–21 Uhr.
Metro: Les Halles. www.centrepompidou.fr
Musée Picasso
5, rue de Thorigny. Metro: St-Paul.
www.musee-picasso.fr
Wegen Renovierung voraussichtlich bis Frühjahr 2013 geschlossen.

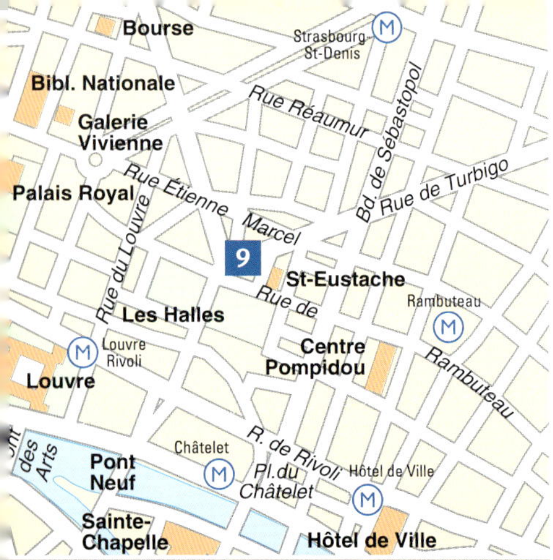

Diesen Blick gewährt die Marktkirche Saint-Eustache (oben), die in ihrem Inneren Gotik- und Renaissance-Elemente reizvoll verbindet (unten) und lange die Kirche des angrenzenden Hallenviertels (unten rechts) war. Ein geduldiger Zuhörer ist die Kopf-Skulptur »L'Écoute« von Henri de Miller (rechts oben).

9 Saint-Eustache – die Kirche des Großmarkts

Der Altar von Keith Haring und die Gemüsekarren

Das Einkaufszentrum, das Forum des Halles, liegt gleich um die Ecke, und dennoch finden viele Besucher nicht zu diesem Juwel aus dem 17. Jahrhundert. Dabei zählt Saint-Eustache mit seinem gotischen Grundriss und der Renaissance-Ausstattung mit zu den schönsten Kirchen von Paris, und sie kann von vielen Persönlichkeiten berichten, die hier getauft, zu Grabe getragen und beigesetzt wurden.

Die »Kirche des Hallenviertels« genoss in der Vergangenheit höchste Priorität. An Saint-Eustache wurde mehr als 100 Jahre hingebaut, zwischen 1532 und 1637. Sie hat fast den gleichen Grundriss und die gleiche Größe wie Notre-Dame, vereint aber Gotik- und Renaissance-Elemente zu einem reizvollen Ensemble. Die Blüte der Renaissance wird deutlich an den harmonischen Bögen, den Pfeilern und Säulen. Die Fassade, entstanden zwischen 1754 und 1788, vergegenwärtigt eindrucksvoll den französischen Barock. Saint-Eustache war die Hauskirche des berühmten, längst abgerissenen Großmarkts Les Halles. Das sollte man wissen, wenn man im Kircheninneren auf der linken Seite auf eine bunte Figurengruppe stößt: Männer und Frauen tragen Kohlköpfe und Kisten mit Obst und Gemüse, schieben Karren, die voll beladen sind mit den Früchten aus Erde und Garten. Dabei handelt es sich um ein Kunstwerk mit dem Namen »Die Abreise von Früchten und Gemüse aus dem Herzen von Paris am 18. Februar 1969« von Raymond Mason.

Saint-Eustache entstand auf den Grundmauern einer Kirche aus dem 12. Jahrhundert, die an den Märtyrer Eustachius erinnert, einen römischen Legionär, der zum Christentum konvertiert war. Während der Französischen Revolution diente das Gotteshaus als Landwirtschaftstempel, als »Temple de l'Agriculture«. Trotz teilweiser Zerstörung und Wiederaufbau – die reiche Innenausstattung erlitt in der Revolution erste Schäden, ein Brand 1844 vernichtete weitere Ausstattungsstücke – sind viele wertvolle Monumente und Kunstwerke im Inneren der Kirche erhalten.

Die Emmausjünger und die Jungfrau

Platz ist genug da, schließlich ist das Innere 100 Meter lang und 33 Meter

hoch. Vouet zeigt das »Martyrium des heiligen Eustachius«, Rubens verewigte die »Emmausjünger«, von Pigalle ist die »Statue der Jungfrau« zu sehen. Von der Wiege bis zur Bahre ... berühmte Häupter wie der spätere Kardinal Richelieu, der Dramatiker Molière, aber auch Jeanne-Antoinette Poisson wurden hier getauft. Sie wurde am 29. Dezember 1721 geboren und erlangte später unsterblichen Ruhm als Madame de Pompadour, die Mätresse des französischen Königs Ludwig XV. Und Ludwig XIV. feierte in Saint-Eustache seine Erstkommunion.

Totenmessen wurden gelesen für Anna Mozart, die Mutter des berühmten Komponisten, die in Paris gestorben war, wohin sie ihren Sohn Wolfgang begleitet hatte. Eine Erinnerungstafel am Haus Rue du Sentier 8, ein paar Straßen entfernt, erinnert an den Mozart'schen Aufenthalt. Auch für den Fabeldichter La Fontaine wurde hier die Totenfeier gehalten. Bestattet wurde hier ebenfalls eine illustre Gesellschaft, darunter Jean-Baptiste Colbert, der Finanzminister von Ludwig XIV., Komponist Rameau, der Schriftsteller Marivaux sowie der Revolutionsanhänger Mirabeau.

Berlioz und Liszt – und Keith Haring

Die Kirche ist zudem Schauplatz musikalischer Uraufführungen. 1855 erklang hier zum ersten Mal das »Te Deum« von Hector Berlioz, 1866 folgte Franz Liszts »Messiah«. Das liegt auch an der mächtigen Orgel, die sonntags zur Messe um 11 und 17.30 Uhr zu hören ist sowie bei zahlreichen Orgelkonzerten.

Und noch eine Besonderheit ist zu entdecken: Hier steht der wohl originellste Altar von Paris, aus Bronze gearbeitet und mit Weißgold überzogen. Er wurde 1997 aufgestellt und stammt von Keith Haring. Zu erkennen sind seine typischen Strichmännchen, denen er Flügel verlieh, oder auch ein Engel mit Tentakeln und Kreuz auf dem Kopf. Der amerikanische Graffitikünstler schuf dieses Tryptichon, als er bereits um seinen nahen Tod wusste. Darum ist der Altar auch ein Denkmal für AIDS-Verstorbene.

FÜR DEN KLEINEN HUNGER

Belegte Brote heißen auf Französisch *tartines* – und die besten gibt es bei Poilâne. Die Bäckerei und ihre Filialen sind ein Hotspot in Paris, hier kauft auch Catherine Deneuve ihr Brot. Die Geschicke der Bäckerei leitet Apollonia Poilâne in dritter Generation.

Baguettes kann man an jeder Straßenecke kaufen – natur oder belegt. Den jährlichen Wettbewerb »Das beste Baguette von Paris« gewann 2011 Pascal Barillon. Seit 1993 ist die Herstellung gesetzlich geregelt: ohne Zusatzstoffe, nur aus Weizenmehl, Wasser, Salz und Hefe geknetet, aufgegangen und gebacken, nie eingefroren. Ein echtes Baguette ist dünn, zwischen 50 und 70 Zentimeter lang und wiegt zwischen 140 und 300 Gramm. Der Sieger darf ein Jahr lang den Élyséepalast beliefern. Die Boulangerie Julien in der Rue Saint Martin 24 im Hallenviertel ist regelmäßig unter den Top Ten der besten Baguette-Bäcker.

WEITERE INFORMATIONEN

Saint-Eustache
2, impasse Saint-Eustache,
Tel. 01-42 36 31 05. Mo–Fr 9.30–19 Uhr, Sa ab 10, So ab 9 Uhr. Metro: Les Halles
www.saint-eustache.org

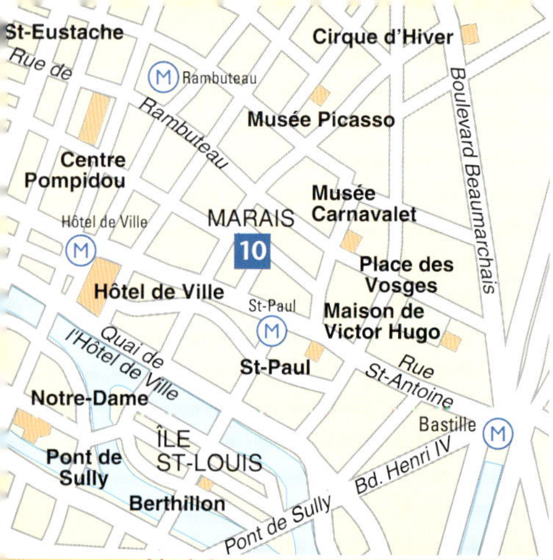

Von Besuchern und Reiseführern gleichermaßen als »schönstes Palais im Marais« bezeichnet: das Hôtel de Sully (rechts). Gemütlich sitzt man im Jugendstil-Kaffeehaus Le Petit Fer au Cheval (oben) in der Rue Vielle du Temple, ehe man den Antiquitätenläden in den Arkaden rumd um die Place des Vosges einen Besuch abstattet (unten).

10 Im Marais – Pause an der Place des Vosges

Der Adel und Jim Morrison

Ob die Mönche des Templerordens geahnt haben, dass sie den Grundstein zu einem der schönsten Viertel legten, als sie die *marais*, die Sümpfe, trockenlegten? Das Marais wurde zum aristokratischen Zentrum von Paris, später zum Mittelpunkt der jüdischen Gemeinde, mittlerweile tummelt sich hier auch die internationale Gay-Community. Sie macht die Gegend um die Rue St. Croix de la Bretonnerie farbenfroh.

Östlich des Boulevard Sébastopol erstreckt sich das Marais, und am anderen Ende des Aristokratenviertels sind es nur noch wenige Schritte, und man steht auf der Place de la Bastille. Viele Besucher werden zuerst die Place des Vosges ansteuern, schließlich gilt dieser Platz als der architektonisch schönste von Paris. Trotz des großen Menschenandrangs auf den Grünflächen und unter den Arkaden strahlt die perfekte Symmetrie Ruhe aus. Die Häuserzeilen rund um den Vogesenplatz nehmen die rechteckige Form auf, die Fassaden aus rotem Ziegel- und hellem Sandstein gehen lückenlos ineinander über. Heinrich IV. war es, der diesen Platz anlegen ließ, er sollte dem Adel und auch dem Volk für seine Feste dienen. 36 Adelspaläste säumen das Rechteck, überragt werden sie vom Pavillon du Roi in der Mitte der Südseite und dem Pavillon de la Reine direkt gegenüber. Das waren die Stadtwohnungen des Herrscherpaares.

Nehmen Sie sich Zeit für diesen geschichtsträchtigen Platz und suchen Sie an den Fassaden und Hausnummern die Bleibe berühmter Zeitgenossen ab. In Nummer 1 erblickte 1626 ein Mädchen das Licht der Welt, das später als Madame de Sévigné in ihren Briefen den Geist der Zeit einfing und das Leben am Hof des Sonnenkönigs. In einer Ecke des Platzes, im Haus Nummer 6, lebte von 1832 bis 1848 Victor Hugo. Seine mit Büchern und Bildern vollgestopfte Wohnung ist ein Museum. 1924 zog mit Georges Simenon ein weiterer Schriftsteller zur Place des Vosges und erfand seinen Kommissar Maigret.

Zwischen dem 16. und 18. Jahrhundert stand das Marais in seiner Hochblüte. Der Hofadel ließ sich elegante Stadtpa-

Heinrich IV. ließ die Häuser an der Place des Vosges errichten (unten rechts), verschönerte den Park mit Brunnen (oben). Das jüdische Viertel im Marais bezaubert mit dekorativen Jugendstilfassaden (Mitte) und verführt Freunde von Specialités Yiddis (rechts oben). Wie in einer Filmkulisse von Paris fühlt man sich in vielen Bistros und Bars (unten).

lais bauen, die charakteristischen Hôtels. Sie waren eine Mischung aus Wohnhaus und Palast, bevorzugte Treffpunkte. Hier wurde die Kultur der Salons intensiv gepflegt. Mönche des Templerordens hatten die Sümpfe am rechten Seine-Ufer im Mittelalter trockengelegt und die ersten Häuser gebaut. Erst als Sonnenkönig Ludwig XIV. seine Residenz nach Versailles verlegte, verlor das Marais bei den Adligen an Attraktivität. Nun siedelten sich Handwerksbetriebe an, die ärmere Bevölkerung von Paris fand hier eine neue Bleibe, das Marais verfiel – und die Französische Revolution tat das ihre dazu.

Hier stehen die Reste der Stadtmauer

Staatspräsident Charles de Gaulle und Kultusminister André Malraux stellten in den 1960er-Jahren das Marais unter Denkmalschutz und begannen mit den Restaurierungsarbeiten. Mittlerweile ist das Viertel wieder eine der besten Adressen in Paris – das merkt man an den exorbitanten Wohnungspreisen. Wer durch die Straßen schlendert, wird dankbar zur Kenntnis nehmen, dass Baron Haussmann seine städteplanerischen Fühler nicht bis hierhin ausstreckte, nicht ausstrecken konnte: Sein Mentor und Auftraggeber, Napoleon III., war zuvor gestürzt worden.
So berühren sich in der Rue du Prévôt fast die Hauswände – sie ist die schmalste Straße, doch von denen werden Sie noch mehr finden, ebenso verschwiegene Plätze, lauschige Rosengärten, kuriose Antiquitäten im Village Saint Paul, einem Gebäudekomplex zwischen Rue des Jardins und Rue Saint-Paul. Hier finden sich noch Reste der mittelalterlichen Stadtmauer, wuchtige neun Meter hoch und drei Meter breit.

Sehenswert: das Museum von Ernest Cognacq

Übrigens, in Haus Nummer 11 in der Rue Saint-Paul befindet sich das Musée de la Curiosité et de la Magie – ein Zaubereimuseum. Das Musée Cognacq-Jay im Hôtel Domo beherbergt nicht nur Möbel und Porzellanfiguren aus dem 18. Jahrhundert, sondern auch Bilder von Canaletto, Rubens und Rembrandt. Hier wohnten Ernest Cognacq und seine Frau Marie-Louise Jay, die 1869 das (jetzt geschlossene) Warenhaus Samaritaine gründeten.
Wer sich in den Touristenstrom wieder eingliedert, landet am Hôtel Salé, dem Picasso-Museum (siehe Highlight Nummer 8). Das Hôtel de Sens an der Rue du Figuier 1 zählt zu den ältesten Profanbauten von Paris – eine hübsche Mischung von ausgehendem Mittelalter in die anbrechende Renaissance mit Spitzbögen und runden Türmen. Das Prädikat »schönstes Palais im Marais« schmückt das Hôtel de Sully an der Rue Saint-Antoine 62, jetzt Sitz des Denkmalschutzamtes. Vom Garten aus gelangt man durch eine kleine Holztür wieder auf die Place des Vosges.
Wenn Sie sich wundern, warum in einer Bar in der Rue Beautreillis die Gäste manchmal einem imaginären Gegenüber zuprosten, dann werfen Sie einen Blick auf das Haus Nummer 17, dritter Stock. Hier starb im Juli 1971 Jim Morrison, tot wurde er in der Badewanne gefunden. Noch heute heißt es in der Bar gegenüber: »Salut, Jim!«

Koscheres Essen und 220 Sorten Tee

Das Bild ändert sich unmerklich, immer mehr schieben sich Kreidetafeln ins Blickfeld, die »gefilte Fisch und gehakte Herring« anpreisen, »koscher Pizza«, »Borscht« und »pikel Fleish«. Rund um die Rue des Rosiers prägen orthodoxe Juden mit Hüten und traditioneller schwarzer Kleidung das Bild. Hier ist Europas größte jüdische Gemeinde zu Hause, geben sich bei Sacha Finkelsztajn die Liebhaber von Specialités Yiddis die Klinke in die Hand. Geschäftiges Treiben herrscht hier – mit einer Ausnahme, an die man auch als nicht-jüdischer Besucher denken sollte: Am Sabbat sind die Geschäfte geschlossen, das jüdische Leben ruht bekanntermaßen am Samstag. An diesem Tag hat auch das Musée d'Art et d'Histoire du Judaïsme, der jüdischen Kultur in Frankreich, geschlossen, das sich in der Rue du Temple Nummer 71 befindet.

Teetrinker steuern die Rue du Bourg-Tibourg Nummer 30 an. Man schrieb das Jahr 1854, als die Brüder Edouard und Henri Mariage ihr Teehandelshaus hier eröffneten, das sich bis heute unverändert im englischen Kolonialstil präsentiert. Man hat die Qual der Wahl, sich für eine der 220 offerierten Teemischungen zu entscheiden. Kosten und probieren kann man im gemütlichen Wintergarten des Salons de Thé. Im Obergeschoss haben die Betreiber das Musée du Thé eingerichtet.

Szenenwechsel: Das Marais verströmt an allen Ecken und Straßen Pariser Flair, ohne museal zu wirken. Besonders spürt man das in der Rue Sainte-Croix de la Bretonnerie, dem internationalen Treffpunkt der Gay-Community. Hotels, Restaurants, Designerläden und Bars haben sich auf ihre homosexuelle Kundschaft eingestellt, selten sieht man so viele gut gekleidete Männer wie hier.

Von hier aus ist es ein Katzensprung zum Hôtel de Ville an der gleichnamigen Place nahe der Seine. Hier fanden von 1310 bis 1832 die öffentlichen Hinrichtungen statt. Blutrünstig geht es aber schon lang nicht mehr zu: Im Hôtel de Ville residiert der Bürgermeister der Stadt Paris. Die rund 150 Statuen an der Fassade des prächtigen Neorenaissancegebäudes zeigen wichtige Pariser Persönlichkeiten wie z.B. Molière, ebenso sind die wichtigsten und größten Städte Frankreichs abgebildet.

DIE SYNAGOGEN VON PARIS

Das Maraisviertel ist das historische Zentrum des jüdischen Lebens in Paris. Hector Guimard schuf die Jugendstileingänge der Metro sowie die Art-nouveau-Synagoge in der Rue de Pavée 10. Der Architekt war mit der Jüdin Adeline Oppenheim verheiratet. Das Eisenskelett der Synagoge in der Rue des Tournelles 10 stammt von Gustave Eiffel, die gemauerte Fassade aus Kalksteinquadern kaschiert das Gerüst. Diese Synagoge ist die zweitgrößte nach der in der Rue de la Victoire am Montmartre. Letztere wurde 1874 eingeweiht, nach Plänen des jüdischen Architekten Alfred-Philibert Aldrophe; denn die Synagoge der Rue Notre-Dame-de-Nazareth, nahe der Place de la République, die älteste erhaltene Synagoge von Paris, war zu klein geworden.

WEITERE INFORMATIONEN

Musée de la Magie
11, rue Saint-Paul. Mi, Sa, So 14–19 Uhr
www.museedelamagie.com

Musée Cognacq-Jay
8, rue Elzévir. Di–So 10–18 Uhr
Metro: Chemin Vert
www.cognacq-jay-paris.fr

Maison de Victor Hugo
6, place des Vosges. Di–So 10–18 Uhr
www.musee-hugo.paris.fr

Pont Neuf im Abendlicht. Die »neue« Brücke ist nun die älteste der Stadt und zieht neben den Besuchern auch die Künstler an – Christo verpackte die Brücke 1985, Juliette Binoche und Denis Lavant waren 2004 die »Liebenden von Pont Neuf«.

Der Blick vom Pont Neuf zum ehemaligen Kaufhaus La Samaritaine (oben) ist ebenso einmalig wie der »von hinten« auf die Kathedrale Notre-Dame (unten rechts). Am Ende des Pont Neuf grüßt eine steinerne Dame die Besucher (unten). Einblick in die Stadtgeschichte gibt das Musée Carnavalet (rechts oben) mit seinem imposanten Treppenhaus.

11 Pont Neuf und Pont de Sully

Die Neue ist jetzt die Älteste

Der erste Weg sollte zum Pont de Sully führen – erst dann ist man richtig in Paris angekommen. Stadtführer und langjährige Besucher der Seine-Metropole sind sich da einig: Hier stellt sich das richtige Parisgefühl ein. Kein Wunder, man genießt einen der schönsten Blicke auf die Quais der Île Saint-Louis und auf Notre-Dame. Einen anderen Blickwinkel gewährt der Pont Neuf, der auf die Île de la Cité führt.

Ein Blick auf den Stadtplan genügt, um zu sehen, wie die beiden wohl bekanntesten Brücken von Paris die Seine-Inseln Cité und Saint-Louis umarmen, sie schützen und sie mit dem Rest der Stadt verbinden. Elf Brücken gibt es darüber hinaus, die von den beiden Inseln über die Seine in das Paris an der Rive Droite, dem Nordufer, und der Rive Gauche (Südufer) führen bzw. von dort auf die Île de la Cité und die Île Saint-Louis. Pont Saint-Louis heißt auch die kleine Brücke, die die beiden Inseln verbindet, die im Rücken der Kathedrale Notre-Dame in das vornehme Wohnviertel mit den prachtvollen Gebäuden aus dem 17. Jahrhundert führt. Nicht der Adel residierte hier, sondern Kunsthandwerker, Politiker und der sogenannte Geldadel.

Im 45-Grad-Winkel zum Ufer

Doch zurück auf den Pont Sully, der 1848 während der Französischen Revolution zerstört wurde. Baron Haussmann ist es zu verdanken, dass die Brücke wieder aufgebaut wurde. Die Arbeiten begannen 1876, wobei die Brücke in zwei Teilen aufgebaut wurde. Der Südteil besteht aus gegossenen Bögen, die des Nordteils sind aus Stein. Achten Sie auf die Inschrift »1910« auf einer Seite des Quais, daran kann man sehen, welche Höhe das Hochwasser auf der Seine im Jahr 1910 erreichte. Doch wahrscheinlich können Sie sich gar nicht losreißen von dem fantastischen Blick, den man seineabwärts hat: Die Quais der Île Saint-Louis liegen vor einem, Notre-Dame grüßt mit ihren wuchtigen Strebebogen von Jean Ravys, die eine Spannweite von 15 Metern besitzen. Und auf der anderen Seite blitzt die Fassade aus Marmor und Metall des Instituts du Monde Arabe im Sonnenlicht. Wer auf dieser Brücke steht, wird wohl kaum daran denken, dass man diese schöne Aussicht dank eines ganz besonders raffinierten Tricks genießen kann: Die Brücke wurde in einem Winkel von 45 Grad zu den Ufern konstruiert – das ist das Geheimnis des tollen Blicks.

Eine Brücke ohne Häuser – das war neu!

Paris zeigt sich an vielen Stellen von seiner schönen Seite, mag jetzt mancher einwenden und auf den Pont Neuf verweisen. Was für ein Gegensatz. Die »neue« Brücke ist die älteste der Stadt! Denn Paris hat sich im Lauf der Jahrhunderte entwickelt und rechts und links der Seine über die Île de la Cité hinaus vergrößert. Da musste eine Brücke her. Den Grundstein dafür legte Heinrich III. im Jahr 1578, 1607 konnte sie von Heinrich IV. eingeweiht werden, dessen Statue den mittleren Brückenteil ziert. Für die Bürger des Paris aus dem beginnenden 17. Jahrhundert war diese Brücke einzigartig, und so tauften sie sie auf den Namen »Neue Brücke« – Pont Neuf. Darauf standen, anders als sonst üblich, weder Häuser noch Geschäfte. Aber so war es zum ersten Mal möglich, eine Seinebrücke in Paris zu überschreiten und gleichzeitig auch den Fluss darunter zu sehen.

Der Pont Neuf besitzt insgesamt zwölf Bögen und verbindet den Quai de Conti und den Quai des Grands Augustins am linken Seineufer mit dem Quai du Louvre auf der rechten Seite. Die Brücke ist 280 Meter lang und 20 Meter breit. Von hier aus haben die Bouquinistes, die Buchhändler, ihre Stände – und zwar bis zum Pont Louis-Philippe auf Höhe der Île Saint-Louis.

Zu sehen ist auch das ehemalige Kaufhaus La Samaritaine, das seit geraumer Zeit umgebaut wird. Ein Hotelkomplex ist geplant. 1985 verhüllten die Verpackungskünstler Jeanne-Claude und Christo die Brücke. 2004 wurde sie restauriert, weil der Zahn der Zeit an ihr nagte. Das war die Zeit für »Die Liebenden von Pont Neuf«, den Film mit Juliette Binoche und Denis Lavant. Drei Jahre dauerten die Dreharbeiten zu diesem Kinomärchen, zu dem Regisseur Léos Carax die Brücke, den Fluss und das Stadtpanorama in der Camargue als Kulissen errichten ließ.

DAS MUSÉE CARNAVALET

Der Sonnenkönig sagt »Adieu«, wenn man das Stadtpalais wieder verlässt, in dem das Museum der Pariser Stadtgeschichte untergebracht ist. Die Bronzestatue von Ludwig XIV. hat Napoleon verschont; sie endete nicht wie alle anderen als Kanonenkugel. 1880 richtete die Stadt hier ein historisches Museum ein, das auf mehreren Stockwerken einen umfassenden Einblick gibt in die Stadtgeschichte. Die ehemalige Gefängnisfestung Bastille kann man in mehreren Modellen sehen, auch die Madeleine-Kirche ist als Architekturmodell zu bewundern. Glanzvoll erhalten sind die Gemächer aus dem 18. Jahrhundert mit üppigem Dekor und kostbaren Antiquitäten. Zu sehen ist auch das Schlafzimmer von Marcel Proust. Der Eintritt ist übrigens frei.

Ende des 17. Jahrhunderts lebte die Marquise de Sévigné hier. In ihren 1500 Briefen, die sie ihrer Tochter schrieb, schildert sie geistreich das Leben am Hof des Sonnenkönigs.

WEITERE INFORMATIONEN

Musée Carnavalet

23 rue de Sévigné, Tel. 01-44 59 58 58.

Di–So 10–18 Uhr.

Metro: Saint-Paul, Chemin Vert.

www.carnavalet.paris.fr

Paris von oben betrachtet man vom antiken Rundtempel im Parc des Buttes-Chaumont (rechts) wie von der Aussichtsplattform der Colonne de Juillet auf der Place de la Bastille (oben) aus, die eine Freiheitsstatue von Dumont schmückt – sichtbar am Port de l'Arsenal (unten). Das Grabmal von Chopin im Cimetière du Père Lachaise (Mitte).

Der Osten

12 Canal Saint-Martin – Romantik pur

Wie ein lang gezogenes S zieht sich der Canal Saint-Martin durch den Osten von Paris, gesäumt von umgebauten Lagerhäusern (oben) und Wohngebäuden (unten rechts). Im Sommer herrscht auf dem Fluss mit seinen Dreh- und Fußgängerbrücken und Schleusen reges Treiben (unten). Alles über Fächer erfährt man im Atelier Hoguet (rechts oben).

Eine idyllische Wasserstraße lädt zum Verweilen ein

Doppelschleusen und Drehbrücken, lange Tunnel und rechts und links von Kastanien gesäumte Spazierwege – das ist der Canal Saint-Martin. Auf gut vier Kilometern schlängelt sich diese Wasserstraße vom Parc de la Villette vorbei an der Place de la Bastille hinein in die Seine. Hier verkehren Lastkähne und Passagierschiffe, die einen Höhenunterschied von knapp 26 Metern überwinden.

Wer auf der lauten, verkehrsreichen Place de la Bastille steht, kann sich eigentlich kaum vorstellen, dass ein paar Meter entfernt ein Idyll der besonderen Art zum Verweilen einlädt. Der Port de l'Arsenal mit seinem gemütlichen Gartencafé Le Grand Bleu, den vielen Lastkähnen, die am Ufer vertäut sind, und den schattigen Bäumen ist eine Ruheoase, an der es sich angenehm entspannen lässt. Der Blick schweift flussabwärts über die Häuser und die Schiffe. Plötzlich taucht wie aus dem Nichts ein Fahrgastschiff auf – wo kommt es her? Der Hafen ist doch nicht zu durchqueren … oder doch? Nein! – Ein Tunnel tut sich auf, der Canal Saint-Martin fließt hier unterirdisch, oder besser gesagt, das Flüsschen kommt hier wieder ans Tageslicht.

Mit ihm die Ausflugsboote, deren Passage im wuchtigen Gewölbe der Bastille die Schau des japanischen Künstlers Keiichi Tahara erlebt haben, ein »Echo des Lichts«. Ein Faltblatt gibt darüber Auskunft, dass auf der Fahrt »… vier schäumende Doppelschleusen und zwei Drehbrücken …« durchfahren werden, später kreuzt man den alten Handelshafen La Villette und gleitet unter der Zugbrücke Crimée hindurch. Viereinhalb Kilometer ist der Kanal lang.

Zu überwinden sind 26 Meter

Bis in die Mitte des 20. Jahrhunderts hinein war der Kanal eine viel befahrene Wasserstraße, auf der die Lastkähne Wein und Salz, Kohle und Baumaterial sowie das Vieh zu den Schlachthöfen in Villette transportierten. Die Wärter hatten alle Hände voll zu tun, um die Schiffe durch die handbetriebenen Schleusen zu geleiten, die damit einen Höhenunterschied von knapp 26 Metern überwanden. Ihre Arbeit ist weniger geworden, geblieben ist die beschauliche Ruhe entlang des Kanals, nur hin und wieder unterbrochen durch Glockengebimmel, wenn sich die rot-weißen Schranken senken, weil sich ein Schiff einer der Drehbrücken nähert und den Verkehr für eine Weile zum Stillstand bringt. Zur

Mittagszeit sind die Bänke und die Promenaden dicht gefüllt mit gut gekleideten Menschen, die ihr *petit déjeuner* aus Plastikschalen und Butterbrotpapier zu sich nehmen. Am Wochenende schallt Kindergeschrei durch die kleinen Parks, sitzen am Ufer entlang die Angler, und die Ausflügler und Bewohner genießen das kulinarische Angebot der kleinen Bistros und Cafés entlang der Uferstraßen, die am Sonntag für den Verkehr gesperrt sind.

»Atmosphère« im Hôtel du Nord

Übrigens, Augen auf an der Écluse des récollets, der romantischsten Schleuse, die besonders gern fotografiert wird. Das hängt damit zusammen, dass in unmittelbarer Nähe das berühmte Hôtel du Nord steht, Mittelpunkt des gleichnamigen Romans von Eugène Dabit und des Films, den 1938 Marcel Carné drehte. Die Fassade des Hotels am Quai de Jemmapes 102 ist gleich geblieben, innen aber ist alles modern; übernachten kann man nicht mehr, doch das Restaurant im Retro-Stil bietet einen wunderbaren Blick auf die sechste Schleuse des Kanals.

Die Zahl der Lastkähne hat abgenommen, dafür sind es die Hausboote, kleinen Jachten und die Touristen-Ausflugsschiffe, die eine etwas andere Seite der Seine-Stadt zu sehen bekommen. Bis zu 27 Meter kann der Kanal breit werden, der sich wie ein lang gezogenes S vom Parc de la Villette in südlicher Richtung schlängelt, durch die Arrondissements zehn und elf, schön sichtbar von der Rue La Fayette bis zur Place de la République. Die einst verrufenen, von anständigen Bürgern gemiedenen Ufergegenden haben sich gewandelt mit Boutiquen, Galerien und umgebauten Lagerhäusern. Dennoch: Der dörfliche, ja fast schon kleinbürgerliche Charakter hat sich bewahrt, hochherrschaftliche Häuser findet man hier selten.

DIE FÄCHER DER ANNE HOGUET

Hinter einer blauen Tür am Gebäude Boulevard de Strasbourg 2 befindet sich das einzigartige Fächermuseum des Ateliers Hoguet. Die Werkstätten, von Anne Hoguet in vierter Generation betrieben, stellen wertvolle Fächer nach alten Vorlagen her sowie moderne Kreationen. Jährlich entstehen an die 300 bis 400 Fächer, oft Aufträge für Oper- und Theaterbühnen und für große Modehäuser.
400 kostbare Fächer birgt der Raum, der für die Weltausstellung 1867 entworfen wurde. Sie sind Zeitzeugen der vergangenen vier Jahrhunderte, erschaffen aus edelsten Materialien wie Elfenbein, Büffelhorn und kostbaren Seidenstoffen.
Zudem kann man die Werkzeuge und Maschinen sehen, die diese edlen Stücke herstellen, mit denen jahrhundertelang die Damen kokettierten.

WEITERE INFORMATIONEN

Musée de l'Éventail
2, Bvd de Strasbourg, Tel. 01-42 08 90 20.
Mo–Mi 14–18 Uhr, im August geschlossen.
Metro: Strasbourg-Saint-Denis.
www.annehouget.fr
Fahrten auf dem Canal Saint-Martin mit Canauxrama
Port de l'Arsenal, Tel. 01-42 39 15 00.
Metro: Bastille. www.canauxrama.com

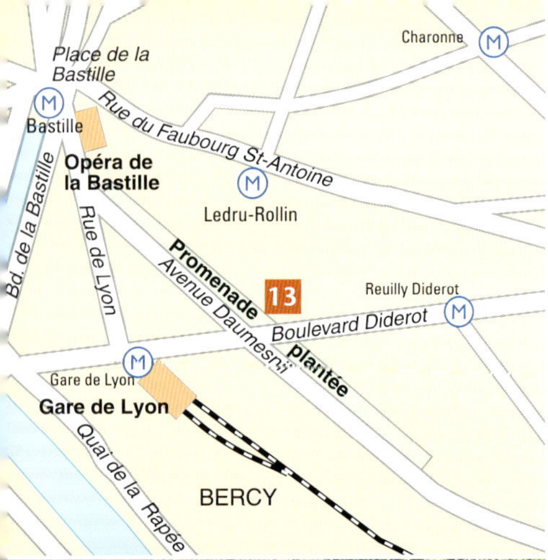

Die Promenade plantée ist der längste und schmalste Park von Paris in luftiger Höhe (oben), der unter sich den Viaduc des Arts beherbergt, in dem sich Designerläden, Handwerksbetriebe und Cafés eingerichtet haben (unten).

13 Promenade plantée – der schmalste Park der Welt

Ein Bummel am Viaduc des Arts

Ein Park der besonderen Art zieht sich von der Place de la Bastille zum Bois de Vincennes: die Promenade plantée, errichtet auf einer viereinhalb Kilometer langen Trasse einer Bahn. Schnurgerade ist der begrünte Spazierweg in luftiger Höhe, ebenerdig bieten Ateliers und Läden im Viaduc des Arts ihre Waren an.

Nur ein paar Schritte sind es von der Opéra de la Bastille die Avenue Daumesnil entlang, die schmale Treppe hinauf zur stillgelegten Bahnlinie. Viereinhalb Kilometer lang ist der Eisenbahndamm, der seit 1998 Spaziergänger und Sportler einlädt. Der ausgefallene Park – sicherlich der längste und schmalste weltweit, zudem mit einer grandiosen Aussicht – führt über Viadukte und durch Tunnel, streift alte Bahnhöfe und neue Wohnhäuser und hat als Kulisse immer unter sich die verkehrsreichen Straßen. Dennoch hört man die Vögel zwitschern, schließlich ist die Promenade plantée mit ihren Rosenbögen, Sträuchern und Bäumen quasi im dritten Stock angelegt. Aufzüge und ja, das sollte nicht verschwiegen werden, vermüllte Treppenaufgänge bringen die spazierenden Müßiggänger wieder hinunter auf die Bürgersteige. An der Rue Rambouillet etwa bietet es sich an, den gleichen Weg zurückzuspazieren, doch vor einer gänzlich anderen Kulisse.

Die Meile der Kreativen

Jetzt flaniert man am Viaduc des Arts entlang, die Torbögen sind aufwendig ausgebaut, große Glasfronten erlauben einen ungehinderten Einblick in schöne Designerläden und Ateliers. Daneben laden Restaurants und Cafés zu einer Stärkung ein.

Nicht nur Kinderaugen leuchten bei »Automates et Poupées«, wo mechanisches Spielzeug verkauft wird: Es klappert und scheppert, Melodien von Miniatur-Drehorgeln wechseln sich ab mit der Musik eines kleinen Blechorchesters. Es gibt bunt bemalte Autos und Motorräder mit Beiwagen zum Aufziehen. Die Meile der Kreativen hebt sich wohltuend ab vom Einheitsangebot gängiger Marken. Wer ein Faible für Handwerkskunst hat, wird diesen Viaduc des Arts in sein Herz schließen.

INFO: www.viaducdesarts.fr
Promenade plantée und Viaduc des Arts entlang der Avenue Daumesnil
Metro: Bastille, Gare de Lyon, Daumesnil

14 Parc des Buttes-Chaumont – im »Reich der Träume«

Ein Steinbruch wird zum Paradies

1867 wurde im Arbeiterviertel im 19. Arrondissement ein fantasievoller Park mit See, Wasserfall und Grotten eröffnet. Dem legendären Stadterneuerer Georges-Eugène Haussmann ist dieser Park zu verdanken, in dem man sich über den Dächern von Paris wähnt. Auf dem Felsen thront ein kleiner Tempel mit toller Aussicht.

Bis 1864 dienten die Hügel im Nordosten von Paris als Steinbruch, ehe Napoleon III. seinen Präfekten Baron Haussmann damit beauftragte, aus dem unebenen Gelände der aufgegebenen Kalkgrube ein »legendäres Paradies« zu schaffen. So jedenfalls schwärmt Louis Aragon in »Der Bauer von Paris«. Er liebte es, sich in diesem »Reich der Träume« inspirieren zu lassen. Gerne pilgern die Städter herauf in den Parc des Buttes-Chaumont mit den sattgrünen Liegewiesen, von denen man einen weiten Blick auf den Montmartre und in die Ebene von Saint-Denis hat.

Über den Dächern von Paris fühlt man sich schließlich, wenn man den Aussichtspavillon erklimmt, einen Rundtempel, der auf einem Felsen aufragt. Rundherum fließt Wasser aus Grotten und Wasserfällen in einen kleinen See.

Grüne Gebirge statt kahle Hügel

Haussmann hatte dafür wieder ganze Arbeit geleistet und sich prominente Hilfe geholt: die Landschaftsgärtner Adolphe Alphand und Barillet-Deschamps. Drei Jahre lang waren an die 1000 Arbeiter beschäftigt. Um aus den Buttes-Chaumont, den kahlen Hügeln, eine Gebirgslandschaft zu zaubern, wurde an einigen Stellen gesprengt, an anderen Erde aufgeschüttet – insgesamt waren es mehr als 200 000 Kubikmeter Erde, die eigens herbeigeschafft wurden, um den Park mit sanft abfallenden Liegewiesen und Wegen auszustatten.

Kein Wunder, dass viele Pariser diesen Park als den hübschesten und ungewöhnlichsten in ihrer Stadt bezeichnen. Im Bötchen über den See zu fahren oder einfach im Gras die Stunden und die Wolken am Himmel vorbeiziehen zu lassen – die Oase der Ruhe ist wirklich ein »Reich der Träume«.

INFO: Parc des Buttes-Chaumont, Eingang: Rue Armand Carrel, Tägl. 7 bis 20.15 Uhr, im Sommer bis 22.15 Uhr Metro: Buttes-Chaumont, Botzaris

Nicht nur im Frühling (unten) genießen Einheimische und Touristen die herrliche Lage des Parc des Buttes-Chaumont, der aus einem Steinbruch entstand und aus dessen See ein Inselchen mit einem Aussichtstempel emporragt (oben).

Vielfältiges Warenangebot auf dem Markt in Belleville (unten), vielfältige Kulturen, die sich hier versammelt haben – so zelebrieren die Chinesen ihr Neujahr mit farbenprächtigen Kostümen (unten rechts). Von hier stammt auch Edith Piaf, die am Cimetière du Père Lachaise begraben liegt (rechts oben). Zur Einkehr lädt Le Vieux Belleville ein (oben).

15 Belleville – internationales Flair

Am Freitag kostet alles »unero«

Das Sprachengewirr erinnert an den biblischen Turmbau, darum wird das bunte Stadtviertel Belleville gern »Babelville« genannt. Hier leben Menschen aus 80 Nationen! Beliebter Treffpunkt aller ist am Dienstag und Freitag der riesige Markt, in den man direkt aus der Metrostation Couronnes hineinkatapultiert wird. Belleville erstreckt sich hügelaufwärts und punktet mit traumhaftem Blick auf die Stadt.

Das Dorf mit seinen Weinreben und den Gartenlokalen wurde 1860 nach Paris eingemeindet und auf das 10. und 11. Arrondissement verteilt. Man wollte verhindern, dass die Arbeiterhochburg zu einem rein »roten«, sprich linken, Bezirk würde. Steil steigt die Rue de Belleville an, gesäumt von asiatischen Restaurants, marokkanischen Teestuben, einem Bazaar Shalimar, der Boulangerie Au 140, chinesischen Supermärkten und koscheren Metzgereien. Die Armenier, die aus der Türkei flüchteten, waren ab 1930 die Ersten, die diesen Stadtteil für sich entdeckten, es folgten Juden, Spanier, Algerier, Tunesier, Schwarzafrikaner, Asiaten – in jüngerer Zeit Jugoslawen und Pakistaner.
80 Nationen dürften es sein, die hier leben, und das mit viel Lärm, Gelächter, lauten Angeboten. »Unero, unero«, schallt es pausenlos durch den langen, dicht gedrängten Markt, auf dem jeweils am Dienstag und Freitag die Händler ihre Waren feilbieten. Einkaufstrolleys und die Räder der Kinderwagen rollen einem über die Füße, in den bunten Tüchern, die die Schwarzafrikanerinnen um den Rücken gebunden haben, schlummert so manches Baby. Muslimische Frauen beäugen ernst die Waren, die ihnen in einem Sprachengewirr angeboten werden. Männer in bunten Kaftanen oder mit den gestrickten Käppis auf dem Kopf füllen Plastiktüten mit Obst, Brot, Fisch und Gemüse. Und nahezu alles kostet – »unero«, also un Euro, einen Euro.

Betörend die Gerüche

Es macht Spaß, einzutauchen in die drangvolle Enge, die laute Kulisse zu genießen und die betörenden Düfte einzuatmen: Berge frischer Kräuter, Pfefferminze, Koriander, Nelken, halbierte Avocados, Orangen, Kürbisse, knusprige Brotfladen, Sesamkringel, frischer Fisch und Käse. Dazwischen ein riesiger Stand mit allerlei Krimskrams, Uhren, Handyhüllen, Tücher, Kaftane, Schuhe … Irgendwann ist es genug. Dann hilft nur noch die Flucht über die Rue des Couronnes hinauf in den kleinen Park von Belleville. Keine Angst, Sie verlaufen sich nicht in den Straßen und Gassen, nur bergauf sollte es gehen, vorbei an kleinen Häuschen und renovierten Fassaden. Riesige Buchsbaumkugeln säumen die Gehwege im Park, Weinlaub spendet dem Treppenaufgang Schatten. In Kaskaden fließt das Wasser hinab. Am obersten Punkt angelangt, liegt Paris zu Füßen. Wie auf einer Postkarte grüßen sich die Tour Montparnasse und der Eiffelturm, leuchtet die goldene Kuppel des Invalidendoms. Diese Belleville-Perspektive kann jederzeit mit der vom Sacré-Cœur mithalten, sie hat sogar noch einen Vorteil: Touristen verlaufen sich seltener hierher. 128,05 Meter hoch befindet man sich in der Rue du Télégraphe, wie eine kleine Tafel verkündet.

Über den Dächern von Paris

Wer das kunterbunte Viertel von Paris noch besser kennenlernen will, der kann sich im Büro der »Bewohnerinitiative« an der Rue de l'Orillon/Ecke Rue R. Houdin nach begleiteten Rundgängen erkundigen. Diese Initiative fördert den Kontakt der Bewohner untereinander, veranstaltet Straßenfeste und wirbt für das gegenseitige Verständnis. Auch der Markt gehört sicherlich dazu. Gern kehrt man dann gemeinsam im Eckcafé über dem Parc de Belleville ein oder sucht in der Rue des Envierges das »Le Vieux Belleville« auf.

Die preiswerten Mieten zogen in den 1980er-Jahren Musiker und Künstler nach Belleville. »La belle fille vit la belle vie à Belleville«, meinte eine Pariserin, eine Künstlerin, womit sie ihr Leben in Belleville beschrieb: »Das schöne Mädchen lebt das schöne Leben in Belleville.« Deutlich sichtbar an der großen Vielfalt an Menschen, Kulturen, Gebäuden, den lebendigen Straßen und eben dem Markt – sie alle lassen den Charme vergangener Zeiten spüren.

EINE HOMMAGE AN EDITH PIAF

»Auf den Stufen dieses Hauses wurde am 19. Dezember 1919 im größten Elend Edith Piaf geboren ...« In der Rue de Belleville 72 erzählt eine kleine Tafel davon. Sie selbst hat dies korrigiert: »Ich wurde fast hier geboren« – im Spital nämlich. Im traditionsreichen Arbeiterviertel Belleville ersang sie sich als Straßenmusikantin ein paar Centimes für ein warmes Essen. Schon als sie berühmt war als der »Spatz von Paris« und auf den großen Bühnen der Welt stand, bewohnte sie in der Rue Crespin du Gast ein kleines Appartement mit zwei Zimmern. Darin befindet sich heute das Musée Edith Piaf.

Musikalisch erinnert wird an die 1963 verstorbene Sängerin oben auf Belleville, im Café-Restaurant Le Vieux Belleville. Jeden Donnerstag-, Freitag- und Samstagabend rücken Einheimische und Touristen an den Tischen zusammen und singen, trällern und summen zum Klang des Akkordeons die Melodien mit, die den »Spatz von Paris« so einmalig machten.

WEITERE INFORMATIONEN

Musée Edith Piaf
5, rue Crespin du Gast,
Tel. 01-43 55 52 72. Mo-Mi 13–18 Uhr,
Do 10–12 Uhr. Metro: Belleville.
www.le-vieux-belleville.com

16 Place de la Bastille – malerische Hinterhöfe

Eine kleine historische Richtigstellung

Gelbe Linien im Boden markieren das Gebäude, das ein wichtiger Meilenstein in Frankreichs Geschichte war: la Bastille. Von dem Gefängnis, das am 14. Juli 1789 gestürmt wurde, ist wenig übrig geblieben. Beherrscht wird der Platz von der Julisäule und der Opéra Bastille, die Mitterrand 1989 eröffnete und die aus dem alten Handwerkerquartier ein weiteres Szeneviertel in der Seinestadt machte.

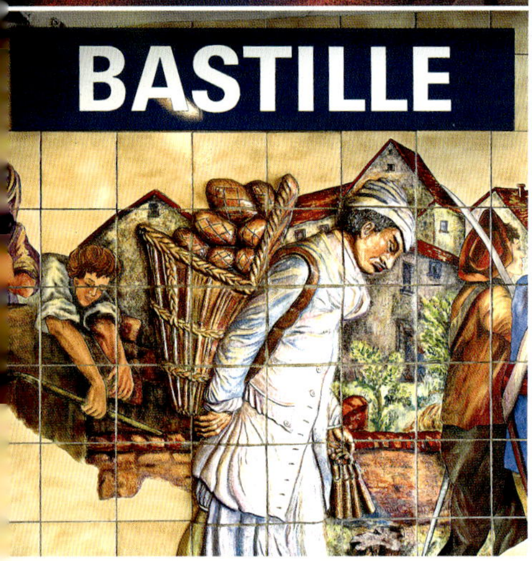

Schon in der Metrostation spürt man die Besonderheit des Platzes: Die dekorierten Keramikkacheln weisen auf einen Platz mit großer Geschichte hin: Bastille (unten), in dessen Mittelpunkt die Colonne de Juillet die Kämpfer der Julirevolution ehrt (rechts) und wo am Abend die Nachtschwärmer von Paris ein Rendezvous haben (oben).

Rauchende Kanonen, aufgereckte Bajonette, sterbende Menschen … die Maler bewiesen viel Fantasie, wenn sie den Sturm auf die Bastille auf die Leinwand bannten. Was stellt man sich da nicht alles vor – donnernde Kanonen von den 15 Zinnen, Hunderte von Toten, wildeste Kämpfe um die Stadtfestung von Paris, eine heroische Befreiung vieler, vieler Gefangener aus den Verliesen der berühmt-berüchtigten Bastille, des Gefängnisses der französischen Herrscher. Die Überlieferung hat aus einem eigentlich unspektakulären Vorgang das Superereignis der Revolution gemacht. Aber was war wirklich passiert?

Wie viele stürmten die Bastille?

Die Bastille! Sie galt als Sinnbild der königlichen Willkürherrschaft. Sie wurde im 14. Jahrhundert unter König Karl V. als Bastille Saint-Antoine erbaut und war Teil der Pariser Stadtbefestigung. Sie hatte acht Zinnentürme, einen Eingang mit Zugbrücke und einen Festungsgraben. Seit der Zeit Ludwigs XIII., also der ersten Hälfte des 17. Jahrhunderts, diente sie als berüchtigtes und gefürchtetes Staatsgefängnis, in dem unzählige Schuldige und Unschuldige auf ihren Tod durch die Guillotine warteten. Unter ihnen waren auch zahlreiche Berühmtheiten, wie etwa der Marquis de Sade, Voltaire und andere Schriftsteller, die ihre Erfahrungen zum Teil der Nachwelt hinterlassen konnten.

Oft erkauft: ein besseres Leben in Haft

So gestattet der Bericht »Inquisition Françoise« des französischen Autors René Auguste Constantin de Renneville (1650–1723) einen ausführlichen Einblick in das Staatsgefängnis, in dem politische Gefangene oft relativ mild behandelt wurden. Renneville erzählt von verschiedenen Zellen und den Haftbedingungen, die sich je nach Status

Nach einem Bummel über den Marché d'Aligre (unten) und einem Aperitif in einem der vielen Straßencafés um die Place de la Bastille (oben) kehrt man in der Brasserie Bofinger ein, der ältesten ihrer Art (rechts oben), bevor es in die Opéra de la Bastille geht (unten rechts). Über allem »fliegt« die goldene Freiheitsstatue auf der sogenannten Julisäule.

und Zahlungsfähigkeit unterschieden. Die unmenschlichsten Bedingungen herrschten tief unten in den Kellern, in denen Gefangene ohne Geldmittel darben mussten und in die auch jene verlegt wurden, die im Lauf der Zeit verarmten und nicht mehr über nötige Geldmittel verfügten, um sich ein besseres Leben in Haft zu erkaufen. Nicht nur Renneville macht in seinen Veröffentlichungen deutlich, dass Haftstrafen in der Bastille gefürchtet waren, weil mit ihnen der Entzug jeglichen öffentlichen Lebens verbunden war. Das alles sind Erklärungen, warum die Einwohner von Paris das Gefängnis mit Argwohn und Misstrauen betrachteten.

1789 haben Hagelstürme die Ernten in Frankreich vernichtet, die Brotpreise steigen inflationär, das Land revoltiert, und in Paris befürchtet man eine Hungersnot. Zum ersten Mal seit 150 Jahren muss der König die Generalstände – die Vertreter des Adels, des Klerus und der Bürger – einberufen. Am 11. Juli wird der liberale Finanzminister Necker vom König entlassen, der für die Nationalversammlung, für die Bürger also, eintritt. Das Volk demonstriert, das Volk redet, das Volk stellt eine Bürgermiliz auf und – die Massen rufen nach Waffen.

Die können sie sich aus dem Invalidenhaus besorgen, das am 13. Juli 1789 gestürmt wird. Genaue Angaben sind nicht bekannt, man spricht von 28 000 Gewehren, andere Quellen von 32 000, die das Volk bewaffnen. Damit zieht man zur Bastille, weil im Zeughaus nebenan Pulver und Patronen lagern. Die jedoch werden in der Nacht zum berühmten 14. Juli 1789 in die Bastille geschafft.

Und so sind die Kanonen auf die Bewohner der Faubourg Saint-Antoine und die Tausende gerichtet, die lautstark Brot und die Bastille fordern. Unter ihnen: ehrbare Bürger, fleißige Handwerker und Arbeiter. Die Stimmung heizt sich auf, je länger die Massen vor den Toren darauf harren, was drinnen verhandelt wird, immer misstrauisch beäugt von 32 Schweizergardisten und 82 Militärveteranen, die in der Bastille sieben Gefangene bewachen. Bei allen liegen die Nerven blank, Schüsse sind zu hören ... kurz darauf die Kapitulation, die Zugbrücke wird am Nachmittag um fünf heruntergelassen und gewährt der Masse den Einzug in die Festung. Die königlichen Truppen – 30 000 Soldaten – werden aus Paris abgezogen.

Nur ein paar Steine sind übrig

Dieser Tag markiert den Beginn der Französischen Revolution, und seither gilt bekanntlich der 14. Juli als Geburtsstunde der französischen Republik. Wer an einem warmen Sonnentag auf der Place de la Bastille steht – der Verkehr braust um die Julisäule – sucht vergeblich nach dieser Bastille, die kurz nach Ausbruch der Revolution zerstört und geschleift wurde. Pflastersteine am Boden und gelbe Linien in der Metrostation markieren den Grundriss. Lediglich ein kleiner Grünstreifen zwischen dem Quai de Célestine und dem Boulevard Henri IV. spricht Geschichte: Ein erhöhtes Blumenbeet ist von gewaltigen Natursteinen eingefasst. Das sind die Originalbausteine der einstigen Bastille-Festung.

51 Meter hoch ist die Colonne de Juillet, die die Kämpfer der Julirevolution ehrt.

Im Unterbau der Säule sind die Gefallenen von 1830 und 1848 beigesetzt. Steigt man die 283 Stufen hinauf auf die Plattform, wird man mit einem Ausblick über die Dächer von Paris belohnt. Da sticht natürlich auch neben den herrschaftlichen Fassaden rund um den Platz ein gewölbter Betonbau mit aufgesetzter Glasfassade ins Auge. Ein Raumschiff auf der Place de la Bastille? Nein – die Opéra Bastille, charakteristisch für François Mitterrands Großprojekte. Er verwies gern auf historische Formen oder die Geschichte eines Ortes, so auch bei dieser Oper als Gegenkonzept zur üppig verzierten Nationaloper, dem neobarocken Palais Garnier. Als Architekt fungierte der bis dato relativ unbekannte uruguayisch-kanadische Architekt Carlos Ott. Die eigenwillige Form der Architektur aus Glas und Aluminium sorgt bei Touristen immer noch für Aufregung, die Pariser scheinen sich daran gewöhnt zu haben. Denn mit dem Bau der Oper begann sich die Bastille-Gegend zu verändern, das alte Handwerkerquartier wurde plötzlich schick bei der Avantgarde. Galeristen und Modeschöpfer zogen hierher, Fabriketagen wurden zu lichtdurchfluteten Lofts umgebaut, trendige Szenecafés kamen.

Darum: Gucken Sie auf der Rue Faubourg Saint-Antoine nicht nur in die Schaufenster, sondern suchen Sie gezielt nach Türen und Toren dazwischen. Denn diese führen auf engen Kopfsteingassen zu Hinterhöfen, in denen heute noch das traditionelle Möbelviertel lebendig ist und die den Blick freigeben auf verschwiegene Künstlerkolonien mit unterschiedlichem Angebot. Biegen Sie in die Rue d'Aligre ab und besuchen Sie am Vormittag den wohl ältesten Markt von Paris, die Markthalle Marché d'Aligre, gegründet 1777 von Nonnen der Abtei Saint-Antoine. Nur wenige Touristen verlaufen sich (noch) hierher, so hat sich der Markt seine Authentizität bewahrt und bietet wohlriechende und schmackhafte Waren von Aprikosen bis Zucchini an, Couscous und Käse, Austern und Würste.

WALZER TANZEN IM BALAJO

In der kleinen Rue de Lappe reiht sich In-Lokal an Szenebar, seit gut hundert Jahren treffen sich hier die Nachtschwärmer. Im Tanzlokal Le Balajo schieben sich am Nachmittag ältere Herrschaften zu den Klängen des Akkordeons über die Tanzfläche, abends informiert ein Handzettel, ob Rock'n'Roll oder Salsa oder Musette-Nostalgie auf dem Programm steht. Eine weitere Szenestraße ist die Rue Oberkampf mit dem Café Charbon. Nach Zwischenstopps im Chez Justine und Ave Maria tanzt man im Nouveau Casino dem Morgen entgegen.

Tradition wird hochgehalten in der Brasserie Bofinger, der ältesten ihrer Art in Paris. Seit 1864 werden hier die Gäste bedient, unter ihnen Madonna, Steven Spielberg, die Ministerpräsidenten Mitterrand und Chirac sowie als Dauergast Johnny Halliday, dessen Friseur gegenüber seinen Salon besitzt. Austern, Sauerkraut und die Andouillette, eine besondere Wurst, sind kulinarische Schmankerln der Schlemmerhalle.

WEITERE INFORMATIONEN

Brasserie Bofinger

7, rue de la Bastille, Tel. 01-42 72 87 82.

Metro: Bastille

www.bofingerparis.com

Paris und seine Straßencafés – nahezu das ganze Jahr über kann man in der Seinemetropole im Freien sitzen und das Leben an sich vorbeiziehen lassen, die Speisekarte studieren oder den Reiseführer – wie hier im Le Bastille.

H.R.B
HOTEL
ROYAL
BASTILLE
HOTEL
EPICERIE FINE
P
Crédit

17 Cimetière du Père Lachaise – letzte Ruhe im Grünen

Eine Pilgerstätte nicht nur für Jim Morrison-Fans

Auf 43 Hektar dehnt sich der größte Pariser Friedhof im Osten der Stadt aus. 1803 wurde er eröffnet und nach dem Jesuitenpater Père de la Chaise benannt. In dieser Totenstadt ruhen die Gebeine großer Literaten, Musiker und Maler, und so manche Pilgerstätte findet sich in diesem Park mit selten schönem Baumbestand. Unter ihnen: Edith Piaf, Jim Morrison und Colette.

Ohne Lageplan findet man sich kaum zurecht im Cimetière du Père Lachaise (rechts unten), dem größten Pariser Friedhof, Ruhestätte für Chopin (rechts oben) und für viele bekannte Persönlichkeiten und Bürger, für die die Nachkommen beeindruckende Grabmale errichten ließen (oben), an denen Steinfiguren trauern (unten).

Die Karte mit dem Handy abzulichten oder mit der Kamera zu fotografieren, ob das so eine gute Idee ist? Am besten die 2,50 Euro investieren und den Lageplan am Eingang kaufen. Aufgeschlüsselt nach dem Alphabet finden Sie alle berühmten und weniger bekannten Persönlichkeiten, die ihre letzte Ruhe auf dem Cimetière du Père Lachaise gefunden haben. 26 Friedhöfe gibt es in Paris, doch dieser im Osten der Stadt gelegene ist der größte. Hier befinden sich gut 69 000 Gräber. François d'Aix de la Chaise, der Beichtvater des Sonnenkönigs, ist Namensgeber dieser Totenstadt, die in einem *parc à l'anglaise* angelegt wurde, nachdem man die Massengräber aufgelöst und große Friedhöfe geschaffen hatte. So ganz einverstanden waren die Pariser aber nicht, hier zur letzten Ruhe zu kommen. Denn zu damaliger Zeit, um 1804, lag dieser Friedhof noch weit außerhalb der Pariser Stadtmauern. Es mussten erst ein paar VIPs exhumiert und hier bestattet werden, unter ihnen Molière und La Fontaine (25. Abteilung) sowie das bekannteste französische Liebespaar Héloise und Abélard (7. Abteilung), um den Parisern diesen Friedhof schmackhaft zu machen. Gelungen ist das in vollem Umfang, denn die Liste derer ist lang, die hier ihre letzte Ruhestätte fanden: Maria Callas, Edith Piaf natürlich, Modigliani, Gertrude Stein, Chopin, Balzac, Oscar Wilde, Colette, Sarah Bernhardt, Simone Signoret und Yves Montand, Max Ernst, Gilbert Bécaud …

Mehr Park als Friedhof

Ohne Lageplan ist man hoffnungslos verloren in diesem parkähnlichen Friedhof mit seinem Gewirr aus Wegen, Sarkophagen und Monumenten. Wer sich nur treiben lässt, erspäht mit Glück das eine oder andere Grab berühmter Künstler, Schriftsteller, Musiker. Ach ja,

Musiker – sein Grab stand und steht nach wie vor hoch im Kurs und wird von allen Seiten gezielt angesteuert; danach suchen die meisten Besucher auf dem Lageplan zuerst: Jim Morrison, legendärer Leadsänger der Doors, wurde hier beerdigt, nachdem sein exzessiver Alkohol- und Drogenkonsum schließlich am 3. Juli 1971 dem 27-jährigen Leben in der Badewanne in der Rue Beautreillis im 4. Arrondissement ein Ende gesetzt hatte.

Der Pilgerstrom an das Grab des Rockpoeten reißt nicht ab. Erstaunlich viele junge Leute, die ihn sicherlich nicht mehr lebend kennengelernt haben, finden sich am schmucklosen und tristen Grab in Abteilung 6 ein, lassen sich mit frischen Blumen in der Hand fotografieren. Einst erstrahlte das Grab durch bunte Graffitis, lagen Whiskeyflaschen und Joints auf dem Grabstein. Die Friedhofsverwaltung hat vor einiger Zeit dem Treiben einen Riegel vorgeschoben. Sperrgitter verhindern, dass man zu nahe an das Grab herankommt.

Ein wahrhaft fantastisches Labyrinth

Wie wird im Lageplan des Friedhofs geschwärmt: »Ein wahrhaft fantastisches Labyrinth öffnet sich dem Besucher im Land der Toten – besser gesagt: des Todes – mit seinen aus Baumkronen geformten Gewölben, Seitenalleen und Wegen. Als mystische Festung … lebt er mit seiner Geschichte, seinen Geheimnissen und Legenden: Totenkult, Vampirismus, Prostitution, schwarze Messen …« Täglich kommen Jünger von Allan-Kardec (Abteilung 44), um dessen bronzene Büste zu berühren, überzeugt, dass der große Meister der spiritistischen Philosophie ihre Wünsche erfüllt. Vor allem die Franzosen selbst bewegt das Andenken an die Fédérés de la Commune, die dort begraben liegen, wo sie ihr Leben lassen mussten: An der Friedhofsmauer wurden sie erschossen, die 147 Aufständischen der Pariser Commune, die 1871 zwischen den Grabstätten gegen die Truppen aus Versailles gekämpft hatten.

SIGHTSEEING MIT DER METRO

Meist führen die Stufen hinab in das Labyrinth der verschiedenen Bahnsteige, in 13 Minuten durchquert die Metro Paris – zumeist unterirdisch. Die Linien 2 und 6 sind auch oberirdisch unterwegs und bieten Sightseeing der bequemen Art – sofern Sie nicht gerade zu den Stoßzeiten unterwegs sind.

Den schönsten Anblick gibt die Linie Nummer 6 zwischen Charles de Gaulle Étoile im Westen und der Station Nation im Osten – Sie fahren am Eiffelturm vorbei, sehen die Kopie der Freiheitsstatue und die goldene Kuppel des Invalidendoms, später die Bibliothèque Nationale de France. Bei der Metrostation Nation wechseln Sie in die Nummer 2, fahren unter dem Cimetière du Père Lachaise und Belleville hindurch und tauchen an der Metrostation Colonel Fabien auf Höhe des Canals Saint-Martin wieder ans Tageslicht. Hier bleiben Sie bis zur Station Barbès Rochechouart und fahren über die Bahngleise der Gare du Nord hinweg.

WEITERE INFORMATIONEN

Cimetière du Père Lachaise
16, rue du Repos, Tel. 01-55 25 82 10.
Mo–Fr, 8–18 Uhr, Sa ab 8.30 Uhr,
So ab 9 Uhr.
Metro: Père Lachaise, Philippe Auguste
www.pere-lachaise.com

Aus dem nächtlichen Paris strahlen der Invalidendom und der Arc de Triomphe im Hintergrund (rechts), zu abendlicher Stunde treffen sich Einheimische und Touristen in den Bistros am Boulevard Saint-Germain (unten). Skulpturen zuhauf gibt es im Musée de Cluny (Mitte) und im Jardin du Luxembourg beim Medici-Brunnen (oben).

Der Süden

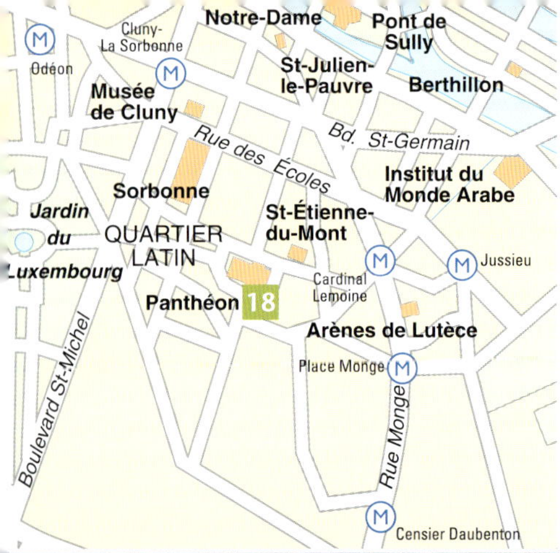

Der mächtige Kuppelbau des Panthéon ist im Quartier Latin weithin sichbar (oben) und genauso imposant ist ein Blick im Inneren nach oben zu den Kuppeln (unten rechts). In der Mitte schwingt das Foucault'sche Pendel (rechts oben). Fresken (unten) erzählen die Geschichte der heiligen Geneviève.

18 Panthéon – imposanter Ruhmestempel

Viele wichtige Männer – und nur zwei Frauen

Warum ist das Panthéon nur Männern vorbehalten? Eine einzige berühmte Frau liegt hier – die Nobelpreisträgerin Marie Curie. Das denken viele, die den mächtigen Kuppelbau im Quartier Latin besuchen. Doch der nationale Ruhmestempel großer Franzosen birgt ein kleines Geheimnis – es handelt von einer zweiten Frau, die ebenfalls an dieser berühmten Stelle ihre letzte Ruhestätte fand.

Aimé Césaire, der 2008 verstorbene französische Dichter und Politiker aus Martinique, wurde am 6. April 2011 in den illustren Kreis im Panthéon aufgenommen. Somit ruhen nun 73 große Persönlichkeiten in diesem Ruhmestempel. Im Revolutionsjahr 1789 wurde der monumentale Kuppelbau im Quartier Latin, dem einstigen römischen Siedlungsgebiet, vollendet. Einst stand an dieser Stelle eine Kirche, erbaut über dem Grab der heiligen Geneviève (6. Jahrhundert). Ludwig XV., nach schwerer Krankheit wieder genesen, machte ein Gelübde wahr und ließ zu Ehren von Geneviève den Sakralbau errichten mit den imposanten Ausmaßen von 122 Metern Länge und 91 Metern Höhe. 1791 wurde die Kirche zum nationalen Ruhmestempel berühmter Franzosen deklariert.

Die Geschichte derer, die in das Panthéon aufgenommen wurden, ist bewegt. Das kann posthum Graf Mirabeau wohl am besten schildern. Die »Seele des Dritten Standes« war Vorsitzender der Gesetzgebenden Nationalversammlung und die erste große Figur der Nation, deren sterbliche Reste im Panthéon beigesetzt wurden. Während der nachfolgenden Terrorherrschaft wurde er des Verrats befunden – er soll Verbindungen zum Königshaus gehabt haben – und sein Leichnam wieder aus dem Ruhmestempel entfernt. Dem Revolutionär Jean-Paul Marat war ein ähnliches Schicksal beschieden, auch sein Leichnam durfte nicht im Panthéon bleiben. Mit der Beisetzung von Voltaire und Rousseau jedoch huldigte die Revolution ihren berühmten Vordenkern.

Noch im Tode vereint

Im Giebel der Vorhalle zeigt ein Relief von David d'Angers aus dem Jahr 1837 »Frankreich, Kränze an seine Söhne verteilend«. In goldenen Lettern ist hier zu lesen: »Aux Grands Hommes – La Patrie

Reconnaissante«, wobei man »Hommes« wirklich mit »Persönlichkeit« übersetzen sollte. Denn zumindest eine Frau hat es in den Ruhmestempel geschafft: Die Physikerin und Nobelpreisträgerin Marie Curie liegt neben ihrem Mann Pierre begraben. Weniger bekannt ist das Schicksal einer weiteren Dame, die ebenfalls hier beigesetzt wurde: Madame Sophie Berthelot. Die Ehefrau des verdienstvollen Chemikers Marcellin Berthelot war übrigens die erste Frau im Panthéon. 1908 war Sophie Berthelot gestorben. Ihr Mann, untröstlich über diesen herben Verlust, beging nur ein paar Minuten später Selbstmord. Er wollte einfach nicht ohne sie leben. Diesen Wunsch respektierte man und ließ die beiden auch im Tode vereint.
Es ist nicht selbstverständlich, dass die Verstorbenen gleich nach ihrem Ableben im Panthéon bestattet werden wie beispielsweise Victor Hugo und der Politiker Marie François Sadi Carnot. Die meisten der 73 Persönlichkeiten, deren Überreste in dem nationalen Ruhmestempel ruhen, kamen erst Jahre später hierher. Erst 2002 wurde der Dichter Alexandre Dumas in das Panthéon umgebettet – mehr als 130 Jahre nach seinem Tod 1870. Deshalb spricht man auch von der »Panthéonisation«, wenn verstorbene Persönlichkeiten ihre endgültige Ruhestätte hier finden.

Immer schwingt das Pendel

Von der Krypta hinauf in die Kuppel: Die monumentalen Fresken zeigen die Himmelfahrt der heiligen Geneviève. In der Mitte schwingt das Foucault'sche Pendel, womit am 26. März 1851 der Nachweis der Erdrotation gelang. Das Pendel wurde benannt nach dem Physiker Jean Bernard Léon Foucault, dem Erfinder der Schreibmaschine.
Scheuen Sie nicht den Aufstieg zum Kuppelsockel und weiter die Wendeltreppen hinauf in luftige Höhen zu der äußeren Rundterrasse, die um die Kuppel des Panthéon führt. Sie werden mit einem weiten Blick über die Seinemetropole belohnt.

IM MUSEUM VON MARIE CURIE

Im Quartier Latin, dem die Universität Sorbonne mit ihren lateinisch sprechenden Theologiestudenten den Namen gab, forschte das Physikerehepaar Marie und Pierre Curie. Die Curie-Therapie, die heute auf der ganzen Welt praktiziert wird, wurde in einem Pavillon erfunden, den Marie Curie einige Meter vom Krankenhaus entfernt bauen ließ. Im Erdgeschoss ist das Curie-Museum eingerichtet, das werktags jeweils am Nachmittag für Besucher geöffnet ist. Hier werden die Erinnerungen an das Ehepaar Curie, an ihre Entdeckung der künstlichen Radioaktivität und ihre medizinischen Erfolge, aufbewahrt mit einer umfangreichen Dokumentation. Das Labor von Marie Curie kann dabei besichtigt werden, großformatige Fotos zeichnen den Lebensweg der leidenschaftlichen Physikerin, Chemikerin und Nobelpreisträgerin nach.

WEITERE INFORMATIONEN

Panthéon
Place du Panthéon, Tel. 01-44 32 18 00.
Täglich 10–18.30 Uhr, im Winter 18 Uhr.
Metro: Cardinal Lemoine
www.pantheonparis.com
Museum Curie
26, rue d'Ulm, Tel. 01-56 24 55 00.
www.curie.fr

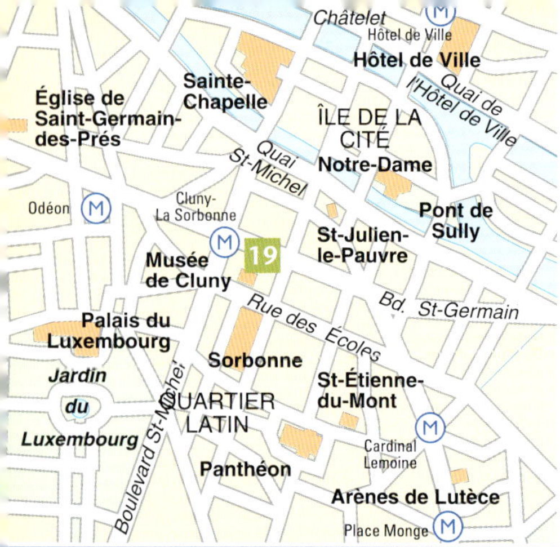

Berühmt für seine Kunstsammlungen zum Mittelalter ist das Musée National du Moyen Âge, das Musée de Cluny (oben), zu dem eine spätgotische Kapelle gehört (unten).

19 Musée de Cluny

Das Geheimnis um den »einzigen Wunsch«

In den ehemaligen Thermen von Lutetia befindet sich ein großartiges Museum für mittelalterliche Kunst und Kultur. Das Musée de Cluny punktet mit einer Sammlung von kostbaren und gut erhaltenen Gobelins, darunter die berühmte sechsteilige Gobelinreihe »Die Dame mit dem Einhorn«.

Im Herzen des Quartier Latin erwarb 1330 der Abt von Cluny, Pierre de Chalus, ein Domizil für seine Ordensbrüder. Es befand sich auf den galloromanischen Thermen aus dem 1. Jahrhundert n. Chr., die das ganze Mittelalter über noch benutzt wurden. Zwischen 1485 und 1510 entstand an dieser Stelle ein Wohnpalast, das Hôtel de Cluny. Die mächtigen Gewölbe des Frigidariums (Kaltbad) dienen nun auch als Veranstaltungsort für Konzerte. Zu dem Gebäudekomplex gehört neben einem sogenannten mittelalterlichen Garten eine spätgotische Kapelle mit Baldachinen.

Die Geschichte des Einhorns

Das Musée National du Moyen Âge (Musée de Cluny) kann sich damit rühmen, eine der weltweit schönsten Kunstsammlungen zum Mittelalter zu beherbergen. Unter den Werken befindet sich die berühmte »Dame mit dem Einhorn«, eine Serie von sechs Wandbehängen aus Wolle und Seide. Diese sechs Gobelins sind ein Paradebeispiel für den Millefleurs-Stil im 15. und frühen 16. Jahrhundert. Fünf der Wandbehänge symbolisieren die fünf Sinne, der sechste trägt den geheimnisvollen Titel »Mein einziger Wunsch«, über dessen Bedeutung die Experten bis heute uneins sind. Das Einhorn war im Mittelalter ein beliebtes Motiv der Stärke, aber auch der Reinheit. Nur eine Jungfrau, so erzählte man sich, könne ein Einhorn aus seinem Versteck locken …
Im Zentrum der großartigen Skulpturensammlung steht die Galerie der Könige. Liebhaber der gotischen Kunst steuern die 27 Köpfe der judäischen Könige an, die früher die Fassade von Notre-Dame zierten. Eines der wertvollsten Stücke enthält die Goldschmiedeabteilung: die goldene Rose, eine vom Papst verliehene Auszeichnung aus dem Jahr 1330. Zu sehen sind auch die Reliquienschreine von Limoges aus dem 12. Jahrhundert.
INFO: Musée de Cluny/Musée National du Moyen Âge, 6, place Paul Painlevé, Tel. 01-53 73 78 00.
Mi–Mo 9.15–17.45 Uhr.
www.musee-moyenage.fr
Metro: Cluny-La Sorbonne

20 Musée Rodin

Sein Traum wurde Wirklichkeit

Noch zu Lebzeiten hatte der Bildhauer Auguste Rodin einen großen Wunsch: Das Hôtel Biron sollte ein Museum für seine Kunst werden. Nach seinem Tod handelte der französische Staat entsprechend: Heute kann man hier unter mehr als 6000 Statuen das Hauptwerk des Künstlers in Augenschein nehmen.

Eng umschlungen stehen sie davor, die jungen Pärchen; und Paare, die nicht mehr zu den jüngsten zählen, stellen nach, was ihnen eine der anrührendsten Plastiken zeigt: »Der Kuss« von Auguste Rodin macht aus kühlen Betrachtern romantische Schmachter. Kein Wunder, dass deshalb für viele das Musée Rodin im Hôtel Biron, einem Herrenhaus aus dem 18. Jahrhundert, als das bevorzugte Pariser Kunstmuseum erscheint. Der französische Bildhauer verbrachte seine letzten Schaffensjahre ab 1908 bis zu seinem Tod 1917 in diesem Haus. Zeitweise wurde er dabei auch von Rainer Maria Rilke unterstützt, mit dem er befreundet war und der hie und da auch als sein Sekretär fungierte.

»Das Hässliche ist schön«

Auguste Rodin nutzte das Hôtel Biron sowohl als Ausstellungsfläche wie auch als Atelier. Nach dem Tod des Künstlers richtete der Staat hier ein Museum ein, das seine wichtigsten und bedeutendsten Werke zeigt. Darunter »Der Denker«, »Der Kuss« und »Das Höllentor«. »Das Hässliche ist schön«, so lautete das Credo des Bildhauers. Auch das vom Staat in Auftrag gegebene Denkmal für Victor Hugo ist zu sehen. Um dieses Werk gab es einen Skandal, da Rodin den Dichter nackt und von den Musen umgeben dargestellt hatte, worauf sein Entwurf abgelehnt wurde.

Die chronologisch geordneten Exponate geben einen umfassenden Einblick in das umfangreiche Werk, denn auch Gemälde aus früheren Schaffensphasen sind zu betrachten: Rodin konnte sich lange nicht zwischen Malerei und Bildhauerei entscheiden.

Ebenfalls zu besichtigen ist seine private Kunstsammlung, zu der auch van Gogh und Renoir gehören. Nicht vergessen sollte man Rodins Schülerin und langjährige Gefährtin Camille Claudel, deren Werke in diesem Museum ebenfalls einen Platz gefunden haben.

INFO: Musée Rodin, 75 rue de Varenne
Tel. 01-44 18 61 10.
Di–So 9.30–17.45 Uhr (Winter bis 16.45 Uhr). Metro: Varenne, Invalides
www.musee-rodin.fr

Die Wirkungsstätte von Rodin, das Hôtel Biron (oben), wurde nach seinem Tod ein Museum für seine Kunst und zeigt seine Skulpturen wirkungsvoll im weitläufigen Garten (unten).

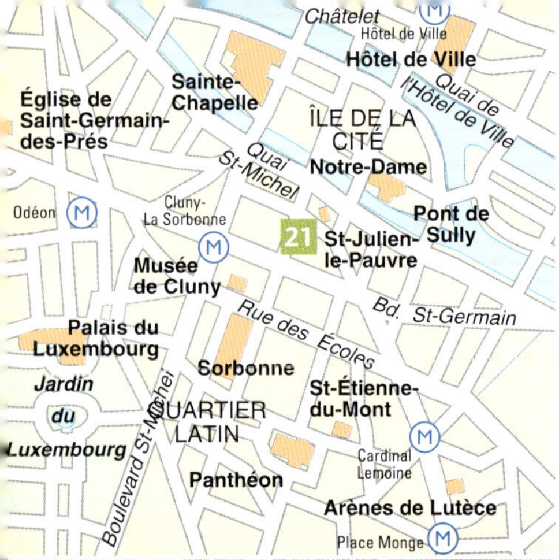

Die beiden unterschiedlichen Türme und die Kolonnadenfassade kennzeichnen die Kirche Saint-Sulpice (oben). Im Quartier Latin trifft sich abends ein bunt gemischtes Publikum (rechts oben). Ehrwürdige Atmosphäre verströmt ein Hörsaal der Universität Sorbonne (unten rechts). Der Reliquienschrein für Geneviève in der Kirche St-Étienne-du Mont (unten).

21 Rund um Saint-Julien-le-Pauvre

Die Kirche im Schatten des ältesten Baums von Paris

Das Quartier Latin zählt mit der Île de la Cité zu den ältesten Vierteln von Paris und ist dank seiner jahrhundertealten Universitäten jung und frech geblieben – neben den Studenten sind es heute die vielen Touristen, die eintauchen wollen in die 2000-jährige Geschichte. Hier steht auch die älteste Unikirche von Paris, die romanische Saint-Julien-le-Pauvre, in der bis 1524 die Rektoren der Sorbonne gewählt wurden.

Geneviève ist die Schutzpatronin der Stadt. Ein Reliquienschrein im Chorumgang der Kirche Saint-Étienne-du-Mont im Quartier Latin enthält Teile von ihrem Sarkophag. Die lange Bauzeit der Kirche von 1492 bis 1626 bringt es mit sich, dass neben gotischen Stilmerkmalen auch Elemente der Renaissance zu finden sind. Sehenswert ist der außergewöhnliche Lettner, den Philibert de l'Orme 1535 schuf. Der Korbbogen ist weit gespannt, die Empore fasst ihn ein mit einer kunstvoll durchbrochenen Brüstung. Die Wendeltreppen schlängeln sich auf beiden Seiten spiralförmig an den Schäften der östlichen Vierungspfeiler empor.

Es ist nicht weit zur Église Saint-Julien-le-Pauvre, ganz in der Nähe des charmanten Viviani-Platzes. Die kleine, von Benediktinermönchen um 1170 erbaute Klosterkirche im Herzen des Quartier Latin, ist die älteste Universitätskirche von Paris. In ihr sollen schon Dante und Erasmus gebetet haben. 1524 wurde sie beschädigt, während der Französischen Revolution zu einem Salzlager umfunktioniert. 1889 erwarben griechisch-orthodoxe Melchiten das Gotteshaus. Darum können Sie heute im Innern eine wunderschöne Ikonostase bewundern. Vor der Kirche steht eine Robinie, ein Silberregen, der bereits 1631 von einem Hofgärtner hier eingesetzt wurde.

Der Boulevard Saint-Germain führt ins Intellektuellenviertel, zur ältesten Kirche von Paris, Saint-Germain-des-Prés. Als die Basilika 543 von Childebert I. gebaut wurde, stand sie mitten auf der Wiese (französisch: prés) und war dem heiligen Germanus geweiht. Diese Abtei »St. Germanus (St-Germain) in den Wiesen« war Grablege der merowingischen Könige. Das heutige Erscheinungsbild erhielt die Kirche im 11. und 12. Jahrhundert. 1792 brannte sie fast vollständig aus, die Bibliothek wurde ein Raub der Flammen. Unversehrt geblieben ist der Turm aus dem 11. Jahrhundert, der mit seinem 1000-jährigen Bestehen zu einem der ältesten Kirchentürme in Frankreich gezählt werden darf.

Saint-Sulpice und das »Sakrileg«

Nicht weit davon entfernt steht der imposante Bau der 115 Meter langen Pfarrkirche von Saint-Germain, der Kirche Saint-Sulpice. Eugène Delacroix malte zwischen 1861 und 1863 die Fresken in der Südkapelle gleich neben dem Eingang. »Jakobs Kampf mit dem Erzengel« ist das wohl bekannteste Bild hier von ihm. Die Grundsteinlegung fand 1732 statt, und in dieser Kirche gaben sich Heinrich Heine und seine Mathilde 1841 das Jawort. In den Mittelpunkt des Interesses geriet die Kirche Saint-Sulpice durch einen Roman, der später verfilmt wurde: »The Da Vinci Code«, bei uns besser bekannt als »Sakrileg« von Dan Brown. Der Schriftsteller wob die Kirche in seinen Thriller ein, ließ hier die Nonne Sandrine durch die frevlerische Hand des Albinomönchs Silas sterben. Und er beschrieb den Gnomon, ein seltenes astronomisches Instrument, das sich hier im Kirchenschiff befindet.

Eldorado für Bücherwürmer

Sie haben den Roman noch nicht gelesen? In der Buchhandlung von Karl Lagerfeld, 7L, in der Rue de Lille, werden Sie ihn kaum finden – dafür edle Bildbände, die kunstvoll aufgebaut und präsentiert werden. Sie sollten sich wieder Richtung Quartier Latin orientieren zur Buchhandlung Shakespeare and Company mit über 100 000 Büchern. Das Zentrum der Leseratten geht auf die Amerikanerin Sylvia Bach zurück, die den »Ulysses« von James Joyce auf eigene Kosten verlegte, als der Autor keinen Verleger fand. 1951 belebte George Whitman das Bach'sche Konzept in der Rue de la Bûcherie wieder, und seitdem pilgern von mittags bis Mitternacht lesefreudige Kunden zu Shakespeare and Co. – Dan Brown finden Sie dort sicher!

IM QUARTIER LATIN

Das »lateinische Viertel« erschließt sich, wenn man die Straßen mit griechischen und italienischen Lokalen meidet und ausweicht in die Rue Galande, die Rue Xavier-Privas oder die Rue de la Huchette. Die Gassen wurden im 13. Jahrhundert angelegt, viele Häuser stammen aus dem 16. und 17. Jahrhundert. Die Sorbonne wurde 1253 für mittellose Theologiestudenten gegründet, das Collège de France 1530 als Hochschule für Latein, Griechisch und Hebräisch.
Catherine Deneuve richtete mit dem Antiquitätenhändler Christian Sapet den Salon des Cinéma du Panthéon in der Rue Victor-Cousin 5 ein: Café und Restaurant in einem alten Filmtheater. Abends amüsiert man sich im Revuetheater Paradis Latin, Jazzfreunde im La Caveau de la Huchette. Übernachten kann man auch – luxuriös im »L'Hôtel«, in dem Oscar Wilde sein Leben genoss und – aushauchte.

WEITERE INFORMATIONEN

Saint-Julien-le-Pauvre
1, rue St-Julien-le-Pauvre
Tel. 01-43 54 52 16.
Metro: Cluny-La Sorbonne.
www.sjlpmelkites.org, www.stsulpice.com
Cabaret Paradis Latin Paris
www.paradislatin.com

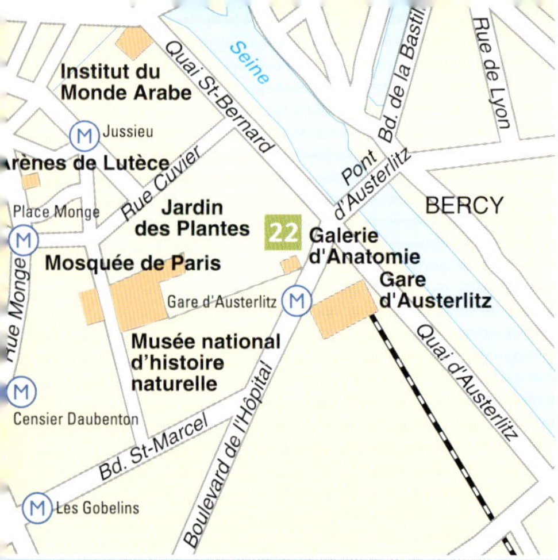

22 Galerie d'Anatomie – seltene Tiere im Jardin des Plantes

Die Karawane aus Knochen und ausgestopften Tieren

Ob sie lebendig werden wie in der amerikanischen Komödie »Nachts im Museum«? In Reih und Glied stehen Wirbeltiere, Dinosaurier, Wale und Mammuts in einer langen Karawane in der Galerie d'Anatomie, in der ältesten Gartenanlage von Paris, dem Jardin des Plantes. Ausgestopfte Tiere sind in der Galerie der Evolution zu bewundern, wieder in Reih und Glied, als wollten sie die Arche Noah entern.

Einen Garten für Heilpflanzen ließ König Ludwig XIII. im 17. Jahrhundert anlegen, für den die Leibärzte Seiner Majestät, die Herren Jean Hérouard und Guy de La Brosse, verantwortlich zeichneten. Bald darauf wurde eine Schule für Botanik, Naturgeschichte und Heilkunde eröffnet. 1640 durfte in den Garten neben den Medizinstudenten auch das gemeine Volk – der erste öffentliche Park von Paris öffnete seine Pforten. Georges-Louis Leclerc, der Graf von Buffon (1707–1788), wurde mit 32 Jahren Direktor im Jardin des Plantes. Die Naturforschung stand an der Wende zur Moderne, immer mehr beschäftigte man sich mit der Evolution. Buffon ließ den Pflanzengarten umgestalten, der unter Wissenschaftlern bald einen hervorragenden Ruf erhielt und 1752 in die Académie-Française aufgenommen wurde. Noch heute macht es nicht nur Blumenfreunden riesigen Spaß, an den Beeten und Rabatten vorbeizuschlendern. Man findet sorgfältig beschriftete Heilkräuter, Rosenrabatten, Iris und viele andere Zierpflanzen. Die erste Libanonzeder aus den englischen Kew Gardens wurde hier angepflanzt, von Bernard de Jussieu im Jahr 1734. In verschiedenen Bereichen kann man die Gebirgsflora aus Korsika, Marokko oder dem Himalaya bewundern. Staunend steht man vor dem Pagodenbaum, der aus einem Samen wuchs, den man bereits 1747 in die Erde steckte. Sie brauchen keine Angst zu haben, dass Sie aus dem Labyrinth nicht mehr herausfinden – Sie können am Pavillon rasten, einer Metallkonstruktion aus dem Jahr 1788 des Architekten Edme Verniquet.

Die Parade der Vierbeiner

Im riesigen Gewächshaus neben der Schule für Botanik laden die Pflanzen zu einer botanischen Reise in ferne Länder ein. Sie durchstreifen tropische Wälder, landen in feuchtigkeitsarmen Gebieten,

Aus einem Garten für Heilpflanzen wurde im Laufe der Zeit ein riesiger botanischer Garten mit Gewächshäusern (oben), Skulpturen (rechts oben) und ausgefallenen Baumarten (unten rechts) – der Jardin des Plantes. Die Galerie der Evolution präsentiert eine Parade lebensgroßer Tiere, angeführt von den Elefanten (unten).

sehen Neukaledonien *(New Caledonia)*. Die Gewächshäuser stammen von 1900 und stehen in ihren Ausmaßen den naturhistorischen Museen nicht nach. Filmregisseur René Allio war es, der der Grande Galerie de l'Évolution nach langer Schließung im Jahr 1994 wieder Leben einhauchte. Dieses naturhistorische Museum zeigt auf 6000 Quadratmetern Ausstellungsfläche die Vielfalt der lebenden Welt und die Entwicklung der Lebewesen im Lauf der Geschichte. Im Mittelpunkt steht eine riesige Parade der zahlreichen Tiere – die Elefanten vorneweg, Giraffen, Nashörner, Springböcke – Tausende von Tierexemplaren erzählen die spannende Geschichte der Evolution, wozu Allio ein Bühnenbild mit drei Akten geschaffen hat. Nicht nur Kindern macht dieser Museumsbesuch großen Spaß, auch Erwachsene lernen noch einiges dazu.

Skelette in Zweierreihen

Ähnlich ergeht es den Besuchern der Galerie d'Anatomie comparée et Paléontologie, die untergebracht ist in einer lichten Konstruktion aus Glas und Stahl. 1898 wurde sie eröffnet, im Hinblick auf die Weltausstellung von 1900. Hier haben die Knochengerüste ihr Terrain erobert und bilden eine lange Karawane durch das Museum. Alle Wirbeltiere, die zu irgendwelchen Zeiten auf der Erde waren, sind hier vertreten, liegen in Glasvitrinen und Holzschubladen. Sehenswert ist auch die Mineralienabteilung mit vielen (Edel-)Steinen.
Doch jetzt wieder hinaus ins Freie, das Leben im Hier und Jetzt genießen bei einem Ausflug in die Ménagerie im Garten, die 1789 angelegt wurde. Während der Französischen Revolution wurden die Tiere aus Versailles hierher gebracht. Auch wenn man sich erzählt, dass während der Belagerung durch die Deutschen 1870/71 die meisten Tiere geschlachtet wurden, um die Bevölkerung zu ernähren, gibt es heute Affen, Vögel und Raubkatzen zu bewundern in der Ménagerie, die mit zu den ältesten der Welt zählt.

DIE BÜCHER DES HERRN MITTERRAND

Transparenz war es, was Präsident François Mitterrand mit seinen Großprojekten in Paris vorschwebte, so auch bei der Nationalbibliothek an der Avenue de France. Sie sollen aufgeschlagene Bücher symbolisieren, die vier L-förmigen Gebäude, 79 Meter hoch, mit riesigen Glasfronten. Das hatte sich der französische Architekt Dominique Perrault fein ausgedacht, doch leider machte diesem Ansinnen die Sonne einen Strich durch die Rechnung. Um die kostbaren Bücher und Schriften (13 Millionen Werke auf 420 Regalkilometern) vor dem Verbleichen zu retten, wurde nachgerüstet: Jetzt nehmen bei Sonnenschein Holzjalousien den Türmen etwas von ihrer Transparenz.

WEITERE INFORMATIONEN

Le Jardin des Plantes
2, rue Buffon, Tel. 01-40 79 56 01.
Öffnungszeiten der Museen:
Mi–Mo 10–17 Uhr.
Metro: Gare d'Austerlitz
www.jardindesplantes.net
Bibliothèque Nationale F. Mitterrand
10, quai François-Mauriac,
Tel. 01-53 79 53 79. Mo–Fr 9–17 Uhr.
Metro: Bibliothèque François Mitterrand
www.bnf.fr

Ein spektakuläres Spiel mit Licht und Schatten: die Fassade des Institut du Monde Arabe besteht aus quadratischen Fenstern mit Metallblenden (unten), die die Sonnenstrahlen einfangen (oben) und die Studiersäle in ein lichtes Meer aus Strahlen tauchen (unten rechts). Gern besucht: die Pariser Zentralmoschee (rechts oben).

23 Institut du Monde Arabe – Begegnung der Kulturen

5040 Metallblenden drehen sich mit der Sonne

Es sieht aus, als wären Hunderte von Fotolinsen nach einem bestimmten System auf den Betrachter gerichtet. Dabei dosieren die 240 quadratischen Fenster an der Südfassade des Instituts der Arabischen Welt nur den Lichteinfall. Das transparente Gebäude aus Glas und Stahl dient dem kulturellen Austausch zwischen Orient und Okzident. Das Museum zeigt arabische Kunst aus zehn Jahrhunderten.

Das Institut du Monde Arabe ist einmalig in Europa. Konzipiert wurde es 1980 als ein Brückenschlag zwischen Frankreich und der arabischen und islamischen Kultur. 22 arabische Länder und Frankreich finanzierten das Institut, mit dem man gleich drei Ideen auf einmal verwirklichen konnte: Es sollte helfen, die Kenntnis über die arabische Welt in Frankreich zu vertiefen, den kulturellen Austausch zu fördern und die französisch-arabische Zusammenarbeit sowie das Verständnis der Kulturen füreinander zu verstärken.

Stararchitekt Jean Nouvel schuf eine einmalige Begegnungsstätte von Okzident und Orient, und er verband dabei Hightech mit traditioneller arabischer Architektur. Schon von Weitem glitzert die Fassade des Instituts. Nouvel hat die typisch arabische Art aufgegriffen, jene geschnitzten Fensterläden mit Jalousieneffekt, hinter denen die Frauen dem Treiben auf der Straße zusehen können, ohne dabei selbst gesehen zu werden. 240 quadratische Fenster bilden die Südfront des Gebäudes, und jedes Fenster besteht aus 21 fotoelektrisch gesteuerten Metallblenden, die sich je nach Sonneneinfall öffnen oder schließen. Wie ein Auge sieht die zentrale Blende aus, die aus ineinandergreifenden Metallblättern besteht, die immer in Bewegung sind. Dieses geniale Sonnenschutzsystem erzeugt im Inneren des Instituts ein zauberhaftes Spiel von Licht und Schatten.

Sehenswert: die Astrolabien

Spiralförmig gedreht ist der weiße, marmorne Bücherturm, der an ein Minarett erinnert. Im Gebäude gibt es Räume für wechselnde Ausstellungen, eine Reihe von Läden und eine reichhaltig bestückte Buchhandlung. Vom vierten bis zum siebten Stock zeigt das Museum arabische Kunst aus dem 9. bis 19. Jahrhundert, Glas- und Keramikarbeiten. Nicht entgehen lassen sollte man sich die

Astrolabien, die Werkzeuge der Astronomen aus dem alten Arabien.
Mit dem gläsernen Aufzug gelangt man rasch in den neunten Stock, von wo aus man einen herrlichen Blick auf die Stadt hat – ein Café und Restaurant laden zum Verweilen ein. Hier sieht man auf das Musée de la Sculpture en plain air, ein Freiluftmuseum direkt an der Seine, mitten in einer Grünanlage. Am Quai Saint-Bernard entlang stehen zwischen Blumenrabatten, Trauerweiden und Parkbänken die Werke namhafter Bildhauer: César, Brâncuşi, Nicolas Schöffer, Gilioli. Am Wochenende und an lauen Sommerabenden tanzen die Paare im Tangoschritt durch den Skulpturenpark. Außerdem haben sich mittlerweile Tanzpaare gefunden, die der Salsa den Vortritt geben und sich den lateinamerikanischen Rhythmen hingeben.

Fußball spielen in der Arena

Zurück ins Quartier Latin. Nicht weit von der Pariser Moschee entfernt schlängelt sich die krumme Marktstraße Rue Mouffetard. Hier dürften sich schon vor langer Zeit die Studenten und Professoren der Sorbonne verköstigt haben. 1253 gründete Robert de Sorbon, der Beichtvater von Ludwig IX., eine Universität für mittellose Theologiestudenten. Im Lauf der Jahrhunderte wurde die Universität ausgebaut, das Quartier Latin zum Sitz der Hochschulen und wissenschaftlichen Institute. Auch wenn der »Boul-Mich«, der Boulevard Saint-Michel, Hauptschlagader ist, die kleinen Gassen und Straßen locken eher mit Pariser Flair und Delikatessengeschäften. Ein begehrter Platz zum Fußballspielen ist die römische Arena aus dem späten 2. Jahrhundert n. Chr., die einst über 15 000 Zuschauern auf 35 Rängen Platz bot, den Gladiatorenkämpfen und Zirkusvorstellungen zuzusehen. 1869 wurden erste Reste entdeckt, doch erst 1918 kamen die archäologischen Arbeiten in Gang, für die sich unter anderem Victor Hugo einsetzte.

EIN BISSCHEN FÈS IN PARIS

Als Erste ihrer Art in Frankreich wurde die Pariser Zentralmoschee in den 1920er-Jahren errichtet. Inzwischen haben der Teesalon und das Restaurant Aux Portes de l'Orient Kultstatus. Das türkische Dampfbad, der Hamam, wird als eines der besten in der Stadt gepriesen.
Die Gebäudegruppe mit dem prächtigen Eingangstor ist geistiges Zentrum der islamischen Gemeinde in Paris. Die lichten Innenhöfe mit den Wasserbecken und Springbrunnen sind verziert mit blau-grünen Mosaikwänden und Bogen mit Flechtwerkmustern. Architektonisches Vorbild ist die Al-Qarawiyyin-Moschee in Fès. Der Gebetsraum hat eine achteckige Kuppel und bietet bis zu 600 Besuchern Platz. Erbaut wurde die Moschee als Zeichen des Danks von Frankreich an die gefallenen Muslime des Ersten Weltkriegs.

WEITERE INFORMATIONEN

La Mosquée de Paris
2, place du puits de l'Ermite,
Tel. 01-45 35 97 33. Sa–Do 9–12, 14–18 Uhr. Metro: Place Monge Jussieu
www.mosquee-de-paris.org
Institut du Monde Arabe
1, rue des Fossés-Saint-Bernard,
Tel. 01-40 51 38 38. Di–So 10–18 Uhr.
www.imarabe.org

Im Hintergrund grüßt das Panthéon in den herbstlich gefärbten Jardin du Luxembourg mit seinen griechischen Statuen (rechts) und den monumentalen Brunnen (unten). Dieser Park zu Füßen des Palais du Luxembourg (oben, Blick auf die Fassade des Dachs) gehört zu den beliebtesten Grünoasen in Paris.

24 Jardin du Luxembourg – »dicht beim Paradies«

Ruheoase und Lieblingstreffpunkt im Quartier Latin

»Alle Leute, auch die ernsten Herrn, spüren hier: Die Erde ist ein Stern.« Erich Kästner war es, der mit diesen Worten ein grünes Juwel in Paris beschrieb, den Jardin du Luxembourg. Er ist einer der beliebtesten Parks in der Seinestadt, zu Füßen des Palais du Luxembourg, Sitz des französischen Senats. Der Medici-Brunnen erinnert an die erste Besitzerin von Palast und Garten, Maria von Medici.

Wer auf der Rive Gauche, dem linken Seine-Ufer, durch die Straßen flaniert, die Sehenswürdigkeiten bewundert und in einem der zahlreichen, oft berühmten und bekannten Cafés rastet, mag den Jardin du Luxembourg als Bindeglied zwischen dem Intellektuellenviertel Saint-Germain-des-Prés und dem quirligen Studentenarrondissement Quartier Latin empfinden. Und wer sich einmal in den weitläufigen Park aufgemacht hat, der mag eigentlich nicht mehr fort. Auf den grünen, schweren Eisenstühlen lässt es sich träumen, ausruhen, hier kann man den Tag vorbeiziehen lassen.

Italienische Erinnerungen

Wie schwärmte schon Erich Kästner in seinem Gedicht »Jardin du Luxembourg«: »Dieser Park liegt dicht beim Paradies. Und die Blumen blühn, als wüssten sie's.« Es ist der Königin Maria von Medici zu verdanken, dass sich *tout Paris* hier trifft und es sich gutgehen lässt. Rund 400 Jahre ist das her, die Königin war Witwe, ihr Ehegatte, Heinrich IV., 1610 von einem religiösen Fanatiker namens François Ravaillac nahe des Square des Innocents in seiner Kutsche erdolcht worden, sie führte die Staatsgeschäfte für ihren noch minderjährigen Sohn … da war Ablenkung vom tristen Königsalltag angesagt. Maria war langweilig, sie sehnte sich sicherlich auch nach ihrer Heimatstadt Florenz und wollte ein wenig italienisches Flair in die französische Metropole bringen.

So ist es nicht verwunderlich, dass sich der Entwurf für den Palast, den Salomon de Brosse Ihrer Majestät vorlegte, eng am Palazzo Pitti orientierte. Lang erfreuen konnte sie sich nicht daran, denn knapp zehn Jahre nach der Fertigstellung 1621 wurde sie aus der Stadt verbannt, ihr Sohn Ludwig XIII. – jetzt König – und der von ihr begünstigte

Im Süden des Jardin du Luxembourg befindet sich die Fontaine des Quatre-Parties-du-Monde von 1874 (oben). In Gesellschaft der Statuen lässt es sich gut entspannen (unten) im Jardin du Luxembourg, der vom gleichnamigen Palais eingerahmt wird (unten rechts). Legendär Sartres »Wohnzimmer«: das Café de Flore (rechts oben).

Kardinal Richelieu hatten sich gegen sie verbündet. Sie musste jetzt mit Schloss Compiègne vorliebnehmen und stand unter Hausarrest.
Doch diese Zeit hatte genügt, um das Palais zu einer würdigen Königsresidenz mit einem grandiosen Park zu machen, was es bis zur Französischen Revolution auch blieb. Danach wurde das Schloss oft zweckentfremdet, diente nicht nur als Gefängnis, sondern auch als Quartier der Luftwaffe im Zweiten Weltkrieg. Jetzt tagt der französische Senat hier, im Musée du Luxembourg sind Kunstausstellungen zu sehen.
Im 19. Jahrhundert ließ der damalige Eigentümer, der spätere Ludwig XVIII., den Garten für das Publikum öffnen, der schnell zum Lieblingsort von Jung und Alt, Arm und Reich, Arbeiter wie Student wurde. Bis heute hat sich nichts daran geändert, was schon Erich Kästner aufgefallen ist: »Lärm und Jubel weht an uns vorbei. Wie Musik. Und ist doch nur Geschrei. Bälle hüpfen fort, weil sie erschrecken. Ein fideles Hündchen lässt sich necken.« Ist Ihnen eigentlich bei all dem Sinnieren, Träumen und nur Schauen aufgefallen, dass der Park mehr aus Sand, denn aus Grün besteht? Wohl kaum! Das liegt sicher auch an den Unmengen an einladenden grünen Stühlen, die zu Gruppen zusammengeschoben werden, die man gern mal in die Sonne oder dann auch wieder in den Schatten eines Baums oder in die Nähe einer Statue schiebt. Ihre Gesellschaft tat schon Kästner gut: »Selbst die Steinfiguren, meistens Damen, lächelten (wenn sie nur dürften) gern.«
Wenn Sie den Jardin du Luxembourg besuchen, dann schauen und genießen Sie. Sie wissen doch, das Laisser-faire kommt aus Frankreich, vielleicht sogar hier aus dem Jardin du Luxembourg. Hier hat man alle Zeit der Welt, vergisst beim Boule-Spielen eine nachmittägliche Verpflichtung, vertieft sich in eine Partie Schach – der Park wird zum Wohnzimmer. Und ein Paradies für Kinder! Wie hundert Jahre zuvor setzen sie immer noch Schiffe in die Teichanlage, nur sind es jetzt weniger selbst gebastelte Holzschiffchen, sondern Modellboote – ferngesteuert, versteht sich. Sie können auf einem Pony reiten, ins Puppentheater gehen und sich am riesigen Kinderspielplatz austoben. Zutritt für Erwachsene erlaubt … na ja, sie zahlen sogar weniger Eintritt als Kinder. Dann doch lieber auf einer nahe gelegenen Bank verweilen. »Mütter lesen. Oder träumen sie? Und sie fahren hoch, wenn jemand schrie«, erzählt Erich Kästner weiter.
1879 hat Charles Garnier ein Kinderkarussell entworfen und bauen lassen, auf dem heute noch die kleinen Buben und Mädchen ihre Runden drehen und das durch das Gedicht »Das Karussel« von Rainer Maria Rilke unsterblich wurde: »... und dann und wann ein weißer Elefant ... «. Die geschnitzten Pferdchen sind bis heute erhalten, auch der Elefant – wenngleich er grau ist.

Idealer Ort für Kunstinstallationen

Größere und große Kinder vergnügen sich auf den Tennis- und Basketballplätzen. Liebespaare wiederum schlendern Hand in Hand zum Medici-Brunnen rechts vom Palais. Er gleicht einer Grotte, wie man sie in vielen italienischen Parks antrifft und wie er Maria von Medici sicher gefallen hat. Hier ist es an

heißen Sommertagen angenehm kühl, das Brunnenbecken ist gern genutztes Areal für Kunstdarbietungen. Überhaupt wird der gesamte Park von Künstlern und Kunststudenten der nahen Hochschulen für Installationen, Kunstaktionen und spontane Happenings genützt – zeitlich begrenzt, ständig wechselnd. Und auch die Bepflanzung der stets blühenden, stets bunten Blumenrabatten wird von den fleißigen Gärtnern fast täglich erneuert, ergänzt und verändert. Immer da und lächelnd, wie Kästner notierte, sind die Statuen französischer Königinnen und edler Hofdamen. Von Bildhauern des 19. Jahrhunderts erstellt, blicken sie auf das große Wasserbecken und den dahinter liegenden Palast. Mittendrin steht seit 1845 die Statue der Schutzpatronin von Paris, die heilige Geneviève. Doch nicht genug. Sie treffen Fré dé ric Chopin und Luwig van Beethoven an, George Sand und Gustave Flaubert. Außerdem den »Maskenhändler«, eine Bronzeplastik von Zacharie Astruc mit einem Sockel, auf dem die Gesichter von Alexandre Dumas, Hector Berlioz und Honoré de Balzac als Masken zu erkennen sind.

Eine Imkerschule gibt es auch

Gegen eine geringe Gebühr konnten die Besucher zu Zeiten von Ludwig XVIII. die Früchte kaufen, die an den Bäumen im Park wuchsen. Diese lieb gewordene Tradition hat sich bis in die heutige Zeit erhalten. Sorgsam gehegt werden die Obstgärten mit ihren langen Spalieren, deren Ernte im Herbst in der Orangerie zum Verkauf angeboten wird. Nicht im Park kaufen kann man dagegen den Honig, der in den vielen Bienenstöcken produziert wird, die es ebenfalls hier gibt. Die zahlreichen Bienenschwärme produzieren Jahr für Jahr einige Hundert Kilo Honig. In der südwestlichen Spitze des Gartens befindet sich eine Imkerschule, die jedem Interessierten offensteht. Sie meinen, es sei Zeit zu gehen? Vom Pavillon weht Musik herüber, ein Harfenkonzert. Es lohnt sich, noch ein wenig zuzuhören.

DIE ZEIT VORBEIFLIESSEN LASSEN

Das **Café Procope** ist seit 325 Jahren ein berühmtes literarisches und philosophisches Zentrum. In der Rue de l'Ancienne-Comédie 13 sperrte 1686 der Sizilianer Francesco Procopio dei Coltelli sein Kaffeehaus auf, das älteste seiner Art in Paris. Es ist ein guter Ort, um sich in die frühe Revolutionszeit zurückzuversetzen, unter Kristallkandelabern redeten sich illustre Gäste wie Molière, Diderot, Napoleon und Victor Hugo die Köpfe heiß.
Ein paar Straßenzüge weiter ist das **Café de Flore** Anziehungspunkt; Jean-Paul Sartre und Simone de Beauvoir hatten hier ihr zweites Wohnzimmer. Unter der Woche ist mittags ein Tisch für die Designerin Sonia Rykiel reserviert. Robert de Niro schaut bei seinen Paris-Aufenthalten vorbei, bevorzugt das klassische Club-Sandwich, das er angeblich als Take-away von seinem Chauffeur holen lässt. Noch ein paar Schritte sind es zur **Brasserie Lipp**, für deren Sauerkraut auch das Herz der Schauspieler-Sängerin Joséphine de La Baume schlägt.

WEITERE INFORMATIONEN

Jardin du Luxembourg
Rue de Médicis bzw. rue de Vaugirard,
Tel. 01-42 64 33 99. Täglich geöffnet.
Metro: Odéon

Schon Erich Kästner wusste vom Jardin du Luxembourg zu schwärmen: »Dieser Park liegt dicht beim Paradies. Und die Blumen blühn, als wüssten sie's.«

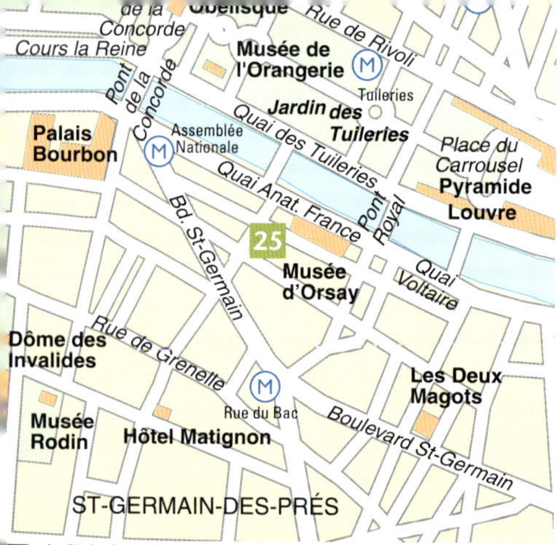

Einst ein Bahnhof, an den die große goldene Uhr (oben) und die überdimensionale Halle erinnern (rechts unten), in der nicht nur Impressionismus gezeigt wird, heute das Musée d'Orsay, auf deren steinernen Treppen die Besucher eine kleine Rast einlegen (rechts oben) oder die Gesellschaft der sechs Kontinente (unten, im Vordergrund Europa) genießen.

25 Musée d'Orsay – dunkle Wände mit Leuchtkraft

Die goldene Bahnhofsuhr und die Kunstwerke

»Die Präsentation ... soll auf den Betrachter anregend wirken ... Überraschung auslösen, zum Nachdenken anregen.« So umriss Guy Cogeval, der Präsident der Musées d'Orsay et de l'Orangerie, die Renovierungsarbeiten in dem Museum, das einmal ein Bahnhof war. Im Herbst 2011 öffnete das neue Musée d'Orsay seine Pforten, bis 2015 werden weitere Säle neu gestaltet für die umfangreichen Kunstsammlungen des Hauses.

Sie müssen nicht unbedingt den Eiffelturm hinauffahren, nicht jeden Abend die hübschen Beine der Revuetänzerinnen im Moulin Rouge bewundern, doch Sie sollten sich einen Besuch im Musée d'Orsay nicht entgehen lassen. Der ist einfach obligatorisch, wenn man sich in Paris aufhält. Zudem das relativ junge Museum inzwischen, nach Abschluss der ersten großen Renovierungsphase, seine Werke modern und in bestem Licht präsentiert. Das Musée d'Orsay ist das zeitliche Bindeglied zwischen dem Louvre und dem Museum der modernen Kunst im Centre Pompidou. Schwerpunkte der Sammlungen sind Malerei und Plastik mit über 1500 Skulpturen, zu sehen sind auch Möbel und Exponate der Künstler des Jugendstils. Von der Seine und der Fußgängerbrücke Passarelle Senghor sind es ein paar Schritte bis zum Eingang des Museums, die Kaimauer lädt noch ein wenig zum Verweilen ein. In aller Ruhe kann man die Fassade des ehemaligen Bahnhofs mit der dominierenden Uhr bewundern, der Gare d'Orsay, die zur Weltausstellung von 1900 gebaut wurde und eine Verbindung in den Südwesten Frankreichs darstellte. Die riesige Glas-Eisen-Konstruktion, die sich hinter der Fassade verbirgt, wurde von Victor Laloux errichtet. Auf alten Schwarz-Weiß-Bildern sieht man den Kopfbahnhof mit schrägen Ebenen und Lastenaufzügen für das Gepäck, mit Aufzügen für die Reisenden, 16 Gleisen im Untergeschoss.

Dass der Bahnhof eine so imposante, hübsche Hülle bekam, lag an dem Ort, an dem er gebaut wurde: die elegante Umgebung in nächster Nähe des Palais du Louvre und der Ehrenlegion. Laloux verbarg die Metallstruktur unter einer außergewöhnlichen Steinfassade. Mit

Ob Bogenschütze (unten) oder Musikant (Mitte) – die Skulpturensammlung im Musée d'Orsay, das in der Abendsonne leuchtet (unten rechts), beschränkt sich nicht nur auf die inneren Räume. Am Eingang (oben) grüßt das Rhinozeros des Franzosen Alfred Jacquemart. Konsumtempel der Pariser: das Kaufhaus Le Bon Marché (rechts oben).

dem Bahnhof entstand auch ein Hotel, das 1973 geschlossen wurde. Hier, im Ballsaal, hatte übrigens General de Gaulle mit einer Pressekonferenz 1958 seine Rückkehr an die Macht angekündigt.
Mit den neuen elektrifizierten Zügen, die immer länger wurden, reichte der Bahnhof Orsay schon ab 1939 nicht mehr aus, er verkam zum Vorort-Bahnhof und wurde dann stillgelegt. In den unbenutzten Räumen war nach dem Krieg ein Auffanglager für heimgekehrte Kriegsgefangene, Orson Welles drehte hier »Der Prozess«, auch Versteigerungen fanden statt.
In den 1970er-Jahren dachte man über einen Abriss der imposanten Bahnhofshalle aus der Belle Époque nach, doch 1978 wurde das Gebäude unter Denkmalschutz gestellt, und es gelang, einen großen Teil der Originalarchitektur zu erhalten. Jetzt war der Bahnhof wirklich das, wovon der Maler Édouard Detaille schon 1900 schwärmte: »Der Bahnhof ist wunderschön, er sieht aus wie ein Kunstpalast ...« Das Architektenteam Bardon, Colboc und Philippon hatte die Aufgabe, die Architektur von Victor Laloux zu erhalten und dem neuen musealen Zweck unterzuordnen. Die einstige Haupthalle dient dabei als zentrale Allee des Museumsparcours und die schmiedeeiserne Metallveranda als Haupteingang.

Das neue Zuhause der Impressionisten

Hinauf geht's in Ebene Nummer fünf, in das neu gestaltete Herzstück des Impressionismus. Die Räume sind ausgelegt mit dunklem Parkett, an den dunkelgrauen Wänden leuchten die wunderschönen Bilder der Impressionisten Manet, Renoir und Monet. In zartes Grau sind die Bilderleisten gehalten, was die Farbnuancen der Gemälde noch stärker zur Geltung kommen lässt – das neue Beleuchtungssystem mit dem Ausblick zum Glasdach fängt die Stimmung auf den Bildern wie bei »Le Moulin de la Galette« oder »Frühstück im Freien« in einmaliger Weise ein. Der Präsident der Musées d'Orsay et de l'Orangerie, Guy Cogeval, wurde nicht müde, für farbige Wandleisten zu plädieren: »Weiß wirkt sich mit Ausnahme der Kunst des 20. Jahrhunderts oder zeitgenössischer Kunst immer negativ auf ein Gemälde aus. Wenn Sie ein klassisches oder impressionistisches Gemälde auf einen weißen Grund hängen, treten keine kontrastierenden Tonwerte zutage.«
Mit der Renovierung, die im ersten Schritt im Herbst 2011 abgeschlossen wurde, sind die einzelnen Bereiche neu aufgeteilt worden, der Strom der Besucher verteilt sich nun besser. Dazu werden zeitgenössische Künstler aufgefordert, in Dialog zu treten mit einem Kunstwerk aus dem Museum – was Überraschendes für die Besucher verheißt und zum Nachdenken anregt.

Ein weißes Pferd ist grün?

Neu gestaltet wurden auch die Räume für die Postimpressionisten van Gogh, Gauguin, die Maler von Pont-Aven, Cross, Seurat, den Zöllner Rousseau – ihre Werke hängen auf der mittleren Ebene in Richtung der Rue de Lille. Eine Schulklasse steht vor dem »Weißen Pferd« von Paul Gauguin und lauscht den Ausführungen der jungen Museumsführerin, die die Jungen und

Mädchen mit ihren Schilderungen aus dem fernen Tahiti in ihren Bann zieht. Gekicher ist zu hören, als sie am Ende erklärt, dass Gauguin eigentlich auf diesem Bild sitzen geblieben ist. Denn der Auftraggeber, ein Apotheker aus Tahiti, wusste die ungewöhnliche Farbgebung des Malers nicht zu schätzen. Er lehnte das Bild unter dem Vorwand ab, das Pferd sei zu grün ...

Ein gänzlich neues Gesicht hat der Pavillon Amont erhalten, der ehemalige Maschinenraum des früheren Bahnhofs, der die Ausstellungsfläche des Museums noch einmal vergrößert hat. Zu sehen sind die europäischen Bewegungen der angewandten Kunst von Wien über Glasgow nach Deutschland und Mitteleuropa. Hier kommt den großformatigen Gemälden von Courbet die neue Beleuchtung zugute, die Wandmalereien der Nabis werden im ersten Stock gemeinsam mit dem Mobiliar jener Epoche präsentiert.

Unter den goldenen, schmalen Leuchten im Café des Hauteurs ist es angenehm, das Gesehene zu verarbeiten oder sich zu stärken für eine weitere Erkundungstour durch das Museum. Die Brüder Campana, berühmte brasilianische Designer, haben das Café hinter der riesigen Uhr zu einer wahren Hommage an Emile Gallé werden lassen, den wohl bekanntesten Vertreter des französischen Jugendstils.

Die Vorhängeschlösser der Liebe

Das pralle Leben am Quai Anatole France katapultiert einen zurück ins 21. Jahrhundert – nicht ganz. Die 140 Meter lange Bogenbrücke Passerelle Senghor über die Seine hinüber in die Tuileriengärten zählt mit zu den beliebtesten Picknickplätzen von Paris. Die pfeilerlose Fußgängerbrücke entstand zwischen 1997 und 1999 von Marc Mimram und hieß bis 2006 noch Pont Solférino. Und auch hier hat sich eine Tradition entwickelt, die in Rom begann: Liebesschlösser werden an der Brüstung befestigt als Zeichen der ewigen Liebe und Treue. Natürlich ist diese Brücke nicht die einzige in Paris, an der diese gravierten und bekritzelten Vorhängeschlösser hängen, beliebt ist auch der Pont de Arts.

DIE HEIMAT DER INTELLEKTUELLEN: SAINT-GERMAIN-DES-PRÉS

Der Inbegriff des intellektuellen Lebens – dazu wurde St-Germain-des-Prés Ende des Zweiten Weltkriegs. Der Hunger nach neuen Dingen, philosophisch, literarisch und musikalisch, ließ sich zwischen Seine, Rue Vaugirard und Boulevard Saint-Michel bestens stillen. Von Sartre bis Brel, von Juliette Gréco bis Boris Vian – sie kamen und blieben. Heute atmen Touristen die Atmosphäre von einst ein, wenn sie in den Cafés sitzen, in Antiquariaten stöbern, die Galerien besuchen.

In einem ehemaligen Kloster ist das teure Hotel Relais Christine untergebracht, günstiger und mitten im Herzen von Saint-Germain ist das Hôtel de l'Université in einem ehemaligen Stadtpalais. Das Kaufhaus der Pariserinnen, Bon Marché, wurde 1852 in einer lichten Glas-Stahl-Konstruktion erbaut und von Emile Zola in seinem Roman »Au Bonheur des Dames« gewürdigt.

WEITERE INFORMATIONEN

Musée d'Orsay
1, rue de la Légion d'Honneur,
Tel. 01-40 49 48 14.
Di–So 9.30–18 Uhr, Do bis 21.45 Uhr.
Metro: Solférino
www.musee-orsay.fr

26 Der Invalidendom und Napoleon

Hier endet des Herrschers Wanderschaft

Aus rotem, finnischem Porphyr ist der Sarkophag, in dem die sterblichen Überreste von Kaiser Napoleon I. ruhen. Und dieser Sarkophag steht auf einem Granitpodest inmitten des Invalidendoms. Der barocke Sakralbau mit seiner goldenen Kuppel ist Mittelpunkt des Viertels Les Invalides, das mit dem Hôtel des Invalides und dem Musée de l'Armée dem militärischen Aspekt huldigt.

Der Pont Alexandre III gibt den Blick frei auf das Hôtel des Invalides und den Invalidendom (oben) mit der hohen Kuppel (unten rechts). Hinter dem von Visconti entworfenen Hauptaltar (unten) befindet sich die Treppe zur Krypta. Die grünen Brunnen, gespendet von Sir Richard Wallace (oben rechts), prägen nach wie vor das Pariser Stadtbild.

Wenn Sie von der Seine und dem Pont Alexandre III durch die Esplanade des Invalides auf den Place des Invalides zuspazieren, erleben Sie den grandiosen Anblick der imposanten Fassade des Hôtel des Invalides: Ein knapp 13 Hektar großer Komplex, zugleich Namensgeber für das Stadtviertel im 7. Arrondissement. Der Bau wurde 1671 unter Ludwig XIV. begonnen und war gedacht als Unterkunft für Kriegsveteranen. Noch heute wohnen in dem großartigen Bau, der den sogenannten großen Ehrenhof begrenzt, einige Kriegsversehrte, aber Ämter der Stadtverwaltung beanspruchen hier den meisten Platz. 1676 wurde das Hôtel des Invalides unter Jules Hardouin-Mansart fertiggestellt, dem Hofarchitekten von Ludwig XIV. Vom Ehrenhof aus finden Geschichtsinteressierte den Eingang zum Musée de l'Armée mit Exponaten aus aller Welt. Eine Sonderausstellung widmet sich ausführlich der Napoleonischen Ära mit all ihren Siegen und Niederlagen. Sogar Vizier, Napoleons Pferd, hat den Weg in die Räume gefunden, die nicht nur mit Uniformen oder Waffen bestückt sind, sondern auch mit der Totenmaske des Kaisers.

Die »Soldatenkirche«

Im Musée des Plans-Reliefs, das dem Armeemuseum gegenüberliegt, zeigen Stadtmodelle aus dem 17. bis 19. Jahrhundert, wie Paris sein Gesicht geändert hat. In einem Seitenflügel setzt das Musée de l'Ordre de la Libération dem Wirken von General Charles de Gaulle ein Denkmal.

Mit dem Hôtel des Invalides verbunden ist Saint-Louis-des-Invalides. Werfen Sie einen Blick in diese schlichte »Soldatenkirche«. Libéral Bruant machte die Entwürfe, Jules Hardouin-Mansart erbaute die Kapelle zwischen 1679 und 1708, deren Inneres die Form eines griechischen Kreuzes hat. In der Chapelle

Napoléon rechts vom Chor werden Reste des Grabmals von Sankt Helena und der bei der Überführung benützte Sarg aufbewahrt.

Letzte Ruhe an der Seine

Der Invalidendom war ursprünglich als privates Bethaus des Sonnenkönigs bestimmt und als königliche Grablege. Mit diesen Vorgaben schickte Ludwig XIV. seinen »Ersten Architekten«, wie sich Hardouin-Mansart ab 1681 nennen durfte, los, eine Kirche zu errichten. Der Bauherr entschied sich für ein Gotteshaus im klassizistischen Barockstil und setzte ihm eine Kuppel auf, 97 Meter hoch – mit Kreuz 107 – und einem vergoldeten Bleidach. Dieses Dach leuchtet und ist von allen Aussichtsplätzen zu sehen.

Die königlichen Pläne wurden verworfen. Dagegen wurde 1840 Napoleons Willen stattgegeben, ihn »an den Ufern der Seine« zu bestatten. Denn in diesem Jahr erhielten die Franzosen die englische Erlaubnis, die Gebeine des Herrschers von Sankt Helena nach Frankreich zu überführen. Louis Visconti öffnete in der Mitte der Kirche die Krypta nach oben für den purpurfarbenen Sarkophag Napoleons. Damit stellte er das Grabmal in den Mittelpunkt des Doms, ohne dessen nüchterne, erhabene Pracht zu zerstören und dennoch ein außergewöhnliches Denkmal zu schaffen.

Und Visconti gelang noch etwas Besonderes – die immerwährende Ehrerbietung Napoleons durch die Besucher: Denn entweder man sieht den Sarkophag vom Kirchenschiff aus, dann beugt man sein Haupt hinunter, oder man blickt in der Krypta nach oben, heißt, man schaut zu Napoleon hinauf. Die wichtigsten Schlachten des Kaisers sind im Mosaikfußboden dargestellt, sternförmig um den Sarkophag herum. Trauernde Siegesgöttinnen stehen in der Krypta, auch hier werden seine politischen Taten in Reliefdarstellungen hervorgehoben. Napoleon ruht in sieben Särgen – das erinnert an die Pharaonengräber in Ägypten. Doch die haben sich vor der Öffentlichkeit versteckt – Napoleon ist immer da.

DIE GRÜNEN BRUNNEN VON PARIS

Sie gehören zum Pariser Stadtbild wie der Eiffelturm oder Sacré-Cœur: die grünen Trinkbrunnen (in Chinatown steht ein rotes Exemplar) des Engländers Sir Richard Wallace. Der großzügige Mäzen lebte in Paris und erlebte die Belagerung der Stadt durch die Deutschen 1870/71. Er sorgte dafür, dass alle Bürger Zugang zu einer hygienischen Wasserversorgung bekamen, denn Trinkwasser war knapp. Wallace ließ über 100 der gusseisernen Brunnen im Stadtgebiet aufstellen. Die erste Fontaine Wallace wurde im September 1872 auf dem Boulevard de la Villette eingeweiht.

65 der Brunnen – 2,70 Meter hoch, das Wasserbecken überragt von einer Kuppel, die von vier allegorischen Figuren getragen wird – sind heute noch betriebsbereit. Sie spenden immer noch kostenlos Trinkwasser von einwandfreier Qualität.

WEITERE INFORMATIONEN

Hôtel des Invalides
129, rue de Grenelle,
Tel. 01-44 42 38 77. Täglich 10–18 Uhr, im Winter 10–17 Uhr. Die Kuppel ist am jeweils ersten Montag im Monat geschlossen.
Metro: Invalides
www.invalides.org

Nicht nur Sartres Grab zieht die Besucher auf den Cimetière du Montparnasse an, Blumen gibt es für den Sänger Serge Gainsbourg (unten rechts). Unvergessen bleiben der amerikanische Fotograf Man Ray (oben) und der französische Komponist César Franck (unten). Der Jardin Atlantique liegt über der Gare Montparnasse (rechts oben).

27 Cimetière du Montparnasse – Pilgerweg zu Sartre

Zigaretten für einen toten Chansonnier

Die Treue seiner Fans ist ungebrochen. Sie kommen nicht mit leeren Händen, wenn sie sein Grab auf dem Friedhof Montparnasse besuchen: Serge Gainsbourgs letzte Ruhestätte ist übersät mit Plüschtieren, Zigarettenschachteln, auch Metrotickets – und einer leeren Weinflasche. Der Cimetière de Montparnasse ist der kleinste der drei berühmten Pariser Friedhöfe.

Neben Père Lachaise und Montmartre zieht ein dritter Friedhof in der französischen Hauptstadt viele Besucher an: der Cimetière du Montparnasse im 14. Arrondissement. Wer auf der Aussichtsplattform des Montparnasse-Turms hinunterblickt auf die Stadt, dem fällt auf, wie schnurgerade die Gehwege auf diesem Friedhof angelegt wurden, wie ein Raster, in dem jedes Grab seinen Platz gefunden hat – riesige Monumentalbauten bekommt man hier nicht zu sehen, die Ruhestätten der Toten sind eher schlicht gehalten. Im steinernen Labyrinth der Pariser Friedhöfe helfen Skizzen mit Nummern und Namensangaben, Lagepläne, um sich im Meer der kleinen und großen Gräber zurechtzufinden.

Aus Platzmangel gebaut

Der Friedhof Montparnasse ist im Vergleich zu den berühmten anderen der kleinste. Napoleon ließ ihn bauen, im Jahr 1824, um die damals bereits überfüllten Friedhöfe zu entlasten. Beim Eingang am Boulevard Edgar Quinet sehen Sie bald auf Zettel geschriebene Liebesgrüße in Japanisch, Englisch und Französisch. Sie liegen auf einer schlichten Platte, daneben ein Gedicht sowie ein paar vertrocknete Blumen: Dies gilt dem Existentialistenpaar Jean-Paul Sartre und Simone de Beauvoir, die wohl wie kaum andere das intellektuelle Gesicht von Montparnasse, mehr noch von Saint-Germain-des-Prés prägten. Um 1900 hatte die künstlerische Avantgarde dem Montmartre-Hügel Adieu gesagt und war ans linke Seineufer gezogen. Hier befand sich lange Zeit die Abfalldeponie der Stadt, und die Studenten der Sorbonne nannten die Gegend mit ihren Gartenlokalen nach dem griechischen Musenberg Parnass.

Bis zum Zweiten Weltkrieg sollte sich hier das kulturelle Who's who treffen: Vincent van Gogh, Modigliani, Picasso,

Miró, die Schriftsteller Samuel Beckett, William Faulkner, Henry Miller, Jean Cocteau, der Komponist Arthur Honegger … Nach 1945 zog die geistige Avantgarde weiter ins angrenzende Saint-Germain-des-Prés.

Von Citroën bis Man Ray

Darüber kann man sinnieren, wenn man durch die schnurgeraden Grabreihen schlendert oder sich einreiht in die wie Pilgerströme systematisch von Promigrab zu Promigrab eilenden Besuchergruppen. Vom Autobauer André Citroën und dem blonden Hollywoodstar Jean Seberg bis zum skandalträchtigen amerikanischen Fotografen Man Ray sind viele klangvolle Namen zu lesen. Dazu gehört der französische Dichter Charles Baudelaire, der zwar bei der geliebten Mutter, aber auch im Familiengrab des gehassten Stiefvaters liegt.

Ein Grab auf dem Friedhof hier zeigt von Neuem, wie intensiv Fans einem Künstler nachtrauern: Wo der 1991 gestorbene französische Sänger und Provokateur Serge Gainsbourg (»Je t'aime. Moi non plus«) ruht, liegen Metrokarten unter Steinchen, halbleere Gauloises-Zigarettenschachteln, Münzen, Blumen und Stofftiere. Ein paar Metrostationen weiter, vier, um genau zu sein, stehen seine Fans dann vor seinem mit Graffitis übersprühten Haus. Die jetzigen Besitzer sind es gewöhnt, dass vor ihrem Anwesen ständig Autos parken, Junge und Junggebliebene in Verzückung erstarren und die vielen Liebeserklärungen lesen, die Woche für Woche ergänzt, erneuert und übersprüht werden. Das Haus mit der Nummer 5 fällt auf in der ruhigen Wohnstraße Rue de Verneuil.

Gleich bei Sartres Grab kann man den Friedhof wieder verlassen und über den Boulevard Edgar Quinet Richtung Montparnasse-Turm schlendern. Dann lohnt es sich, durch die Rue du Cherche-Midi, vorbei an den Geschäften mit ihrem bunten Angebot wie Tarotkarten oder Rentierfellen zu laufen, um letztendlich die hübsche Art-déco-Fassade des Grandhotels Lutetia zu bewundern.

ZÜGE ZUM ATLANTIK

Von der Gare Montparnasse aus fahren alle Züge an den Atlantik. Dorthin kann man sich träumen: im Jardin Atlantique, dem Atlantischen Garten, auf dem Dach des Bahnhofsgebäudes. Der gläserne Aufzug, der die Besucher 18 Meter hinaufbringt ans grüne Meer, ist linker Hand des Bahnhofsgebäudes. Wie am Strand fühlt man sich, schlendert man über den Holzsteg inmitten eines Schilfdschungels. Hört man nicht schon das Meer rauschen? – Nicht ganz, es sind Wasserkaskaden, die über eine Mauer stürzen. Die drei Hektar große Grünanlage mit Installationen, Pavillons und Tennisplätzen wurde 1994 eröffnet. Man hört die Vögel zwitschern – und aus dem Untergrund die Lautsprecherdurchsagen für die Züge, die ans Meer fahren. Immergrüne Kiefern geben einen Vorgeschmack auf den Ozean. Im Zentrum des Parks steht der Brunnen der sagenumwobenen Hesperiden-Insel mit Thermometer, Windmesser und Wetterfahne.

WEITERE INFORMATIONEN

Cimetière du Montparnasse
3, boulevard Edgar Quinet.
Täglich 8–18 Uhr, im Winter 8–17.30, sonntags ab 9 Uhr.
Metro: Raspail

Im »Reich des Todes«, in den Katakomben von Paris, begrüßen den Besucher Tausende von Totenschädeln und unzählige Gebeine und Knochen (rechts oben). Ab 1775 wurde der Pariser Untergrund befestigt (oben) und von unbekannten Künstlern ausgeschmückt (unten rechts). Zur Ruhe werden die »sterblichen Wesen« gemahnt (unten).

28 Les Catacombes – in der Pariser Unterwelt

Ein bisschen Schauern auf sicheren Wegen

»Halt! Hier ist das Reich des Todes« – etwas unheimlich muten diese Zeilen an, nachdem man die rund 130 Stufen einer Wendeltreppe hinabgestiegen ist in den löchrigen Untergrund von Paris. Seit 1786 wurden unter Architekt Charles-Axel Guillaumot hier die Gebeine unzähliger Toter aus den überfüllten Massengräbern und Friedhöfen umgebettet. Heute kann man den unterirdischen Friedhof, les Catacombes, besuchen.

Die Warteschlange zieht sich um den kleinen Park Denfert-Rocherau entlang, und es ist erst 10 Uhr morgens, die Katakomben öffnen gleich. Die Erwartung steigt, je näher man zum Eingang kommt. Warnschilder geben Auskunft, dass Personen mit Herzproblemen nicht in den Pariser Untergrund steigen sollten, dass immer nur 200 Besucher in die unterirdischen Gänge gelassen werden … Munter schwatzend steigt die Gruppe die enge Wendeltreppe hinunter, marschiert unter niedriger Decke – große Menschen bekommen auf dem knapp zwei Kilometer langen Weg leichte Haltungsschäden –, bis man vor den beunruhigenden Worten »Halt! Hier ist das Reich des Todes« steht. Es gibt kein Zurück, der Weg ist vorgegeben, gehüllt in düsteres Licht. Doch der Neuzeit mit Taschenlampe am Handy sei Dank – man kann bis in die hinterste Ecke ausleuchten und einen detailgetreuen Blick auf die mehr als sechs Millionen Gebeine werfen, die man auf dem Spaziergang unter Tage zu sehen bekommt. Immer stiller wird es, die Besucher unterhalten sich flüsternd, nur das Klicken der Kameras ist zu hören.

Systematisches Arbeiten im Untergrund

Ein mehr als 300 Kilometer langes Netz von Stollen verläuft unter der Pariser Stadtoberfläche. Schon die Römer haben dort die kalkreichen Böden ausgebeutet, im Mittelalter wurde viel Baumaterial benötigt, der Boden wurde immer mehr ausgehöhlt. Die Einstürze von Häusern häuften sich, auf eine Länge von einer Viertelmeile war kurz vor Weihnachten 1774 nahe der Rue d'Enfer ein Gebäudekomplex im Erdboden verschwunden. König Ludwig XVI.

berief den jungen Architekten Charles Axel Guillaumot und tat damit einen Glücksgriff. Denn dieser ging den Pariser Untergrund generalstabsmäßig an, drei Gruppen schickte er in die Stollen, Gänge und Löcher. Während in der ersten die Arbeiter die Stollen vom Schutt vorangegangener Einstürze befreiten, stützten in der zweiten Gruppe die Maurer Säulen und Decken mit den Steinen der ersten Gruppe. Team Nummer drei bestand aus Kartografen, die das Labyrinth der Tunnel erfassten. Im Maßstab 1:216 entstand eine Karte, die genauer war als jene, die es bis dato vom oberirdischen Paris gab. Guillaumot übertrug dabei die Straßenschilder von oben nach unten, ließ Tunnelbögen erschaffen und glättete Wände.

Mehr als sechs Millionen Gebeine

Wahrscheinlich wäre diese Arbeit ewig so weitergegangen, wenn nicht am 7. Mai 1780 die Stützmauer des Friedhofs Cimetière des Innocents mitten im Hallenviertel geborsten wäre. Das Massengrab mit Hingerichteten, Pest- und Choleraopfern war so überfüllt, dass die Menschen in den Häusern ringsherum durch den Geruch ohnmächtig wurden. Der »Friedhof der Unschuldigen« wurde ein echtes Hygieneproblem. Leichenteile, Skelette und verseuchtes Grundwasser ergossen sich in Keller und Wohnungen. Das brachte Guillaumot auf die Idee, die Toten, besser das, was von ihnen übrig geblieben war, in ein riesiges Gebeinhaus umzubetten. Und was bot sich da besser an als der von ihm erschlossene Untergrund? Der Architekt und Stollenforscher wählte ein Gebiet in der Nähe der Rue d'Enfer aus und nannte es »les Catacombes«, in Erinnerung an das antike Vorbild in Rom.
1786 wurde mit der Umbettung der Toten begonnen. Die Prozedur dauerte 15 Monate, begleitet von allabendlichen Prozessionen. Man schätzt, dass mehr als sechs Millionen Gebeine in den Katakomben liegen – zum damaligen Zeitpunkt war die Zahl der namenlosen Toten um ein Zehnfaches höher als die der Lebenden in Paris. Guillaumot war es auch, der darüber wachte, dass die Gebeinhaufen ästhetisch anspruchsvoll drapiert wurden.

IM PARISER UNTERGRUND

Wer in die Katakomben hinabsteigt, sollte festes Schuhwerk tragen, der Boden ist feucht. Bis in die 1960er-Jahre gab es im Untergrund Jazzkonzerte und Feste. Heute ist das Betreten ohne Führung verboten, aber nicht alle halten sich daran und nehmen eine Strafe von 60 Euro in Kauf. Die »Kataphilen« stromern durch das endlose Netz aus Stollen und Gängen. Und oftmals gehen welche verloren. Ohne Licht, ohne Handy, orientierungslos und betrunken – so irrten drei junge Leute im Sommer 2011 zwei Tage durch die Katakomben, ohne einen Ausgang zu finden. Sie hatten nach der etwas anderen Party-Örtlichkeit gesucht. Nach fast 48 Stunden wurden sie gerettet, 35 Polizisten hatten sie gesucht, eine Spezialeinheit ist für solche Einsätze geschult. Geführte Touren gibt es durch die Pariser Abwasserkanäle, die **Égouts de Paris**. Der Eingang ist an der Place de la Résistance beim Musée d'Orsay.

WEITERE INFORMATIONEN

Catacombes
1, avenue du Colonel Henri Rol-Tanguy
Tel. 01-43 22 47 63. Di–So 10–17 Uhr
(letzter Einlass 16 Uhr).
Metro: Denfert-Rochereau
www.catacombes-de-paris.fr

In der Rue Daviel (oben) ändert sich das Gesicht der Stadt, wird im Quartier de la Butte-aux-Cailles dörflich mit kleinen Läden und Galerien, etwa der Künstlerin Anne-Marie Adda (unten), und Restaurants, die den Namen aufgreifen: Auberge de la Butte (unten rechts). Das »Jahr des Tigers« feiern asiatische Mädchen (rechts oben) in Chinatown.

29 La Butte-aux-Cailles – das Dorf in der Stadt

Elsass und Provence in Paris

Es duftet verführerisch aus dem kleinen Laden von Laurent Duchène, die junge Angestellte trägt einen großen Korb mit langen Baguettes über die schmale Straße in das Geschäft. Auf Autos braucht sie hier nicht zu achten, ruhig geht es auch an einem Samstagvormittag zu im kleinen Viertel Butte-aux-Cailles, ganz im Süden der Stadt. Hier wird Paris zum Dorf. Hier begann 1871 der Commune-Aufstand.

Verlassen Sie die Metro Nummer 6 an der Station Glacière, steigen Sie die Stufen hinab zum Boulevard Auguste Blanqui und biegen Sie nach rechts in die Rue de la Glacière ein. Bald stoßen Sie auf die kleine Rue Daviel, die erst noch von Hochhäusern gesäumt wird, ehe Sie an der Ecke zur Rue Vergniaud feststellen, dass jetzt die Stadt Paris übergeht in ein Dorf: Jetzt sind Sie im Quartier de la Butte-aux-Cailles. Die kleine Bar Le Rond Point lädt zum Verweilen in der Sonne ein, bestens eingedeckt mit den feinen Blätterteig-Leckereien aus der Pâtisserie Duchène von der Ecke gegenüber.

Das stille Viertel mit den farbenfrohen Häusern liegt auf einer *butte*, einem Hügel, der einst den Handwerkern und Arbeitern vorbehalten war. Bis ins 17. Jahrhundert hinein war der bewaldete Hügel unberührt, ehe man im Untertagebau Kalksandstein abtrug. Im Westen dienten einige Teiche im Sommer als Viehtränke, im Winter lieferten die gefrorenen Gewässer Eisblöcke, die in entsprechenden Eisgruben lange zur Kühlung von Speisen dienten. Daher auch der Name »Glacière« bei Metro und Avenue.

Idyllische Ruhe zwischen Fachwerkhäusern

»La Petite Alsace« steht über dem hölzernen Eingang in der Rue Daviel Nummer 10. Das blau gestrichene Tor öffnet sich, wenn man klingelt, gern wird Einblick gewährt in das Dorf im Elsass. So jedenfalls kommt man sich hier vor, um einen Hof reihen sich zweistöckige Fachwerkhäuser aneinander, es blühen Stockrosen und Geranien, Bäume spenden Schatten. Die gemütlichen Reihenhäuser stammen aus dem Jahr 1912. Damals für sozialschwache und kinderreiche Familien erbaut, sind sie heute heiß begehrte Stadtdomizile, für die es eine lange Warteliste gibt. Und nahezu jedes

Haus ist renoviert. Kleine Treppen führen hinauf zu den bunten Eingangstüren, mal leuchtet alles im satten Blau, mal hat sich ein Bewohner bei Fenster und Türen für ein kräftiges Magenta entschieden. Über die schmiedeeisernen Gartenzäune ranken Efeu, Bougainvillea, Kletterrosen, und in den kleinen Vorgärten laden Tischchen zum Verweilen ein. Die Straße führt weiter hinauf, exakt 64 Meter über das »normale« Paris. Vom Elsass in die Provence – auf der Rue de la Butte-aux-Cailles, der mit Kopfsteinen gepflasterten Hauptstraße, stehen Miniaturausgaben von Dorfhäusern aus dem Süden Frankreichs. Bistros, Cafés und Tante-Emma-Läden säumen die Straße.

Boulekugeln und Heißluftballon

Für Autos ist kaum Platz in den schmalen Gässchen, die sich rund um die *butte* winden. Auf der Place de la Commune de Paris werden Stände aufgebaut für ein Fest der Vereinigung »Les Amis de la Commune de Paris«. Sie erinnert mit Publikationen, Ausstellungen und Veranstaltungen an ein dunkles Kapitel Pariser Geschichte: Die Pariser Commune bezeichnet den Aufstand der Arbeiterschaft und der Nationalgarde gegen die Nationalversammlung. Ihr Ziel war eine Verbesserung der sozialen Verhältnisse – zu dieser Zeit belagerten nach der Kapitulation Frankreichs deutsche Truppen Paris. Die Nationalversammlung aber schickte Truppen, die ab 2. April 1871 sechs Wochen lang die Stadt beschossen, die Aufständischen mussten sich schließlich ergeben. Mehr als 20 000 Menschen starben.
Durch die schmale Fußgängerpassage Vandrezanne gelangt man zum Jardin de la Montgolfière. 1783 landete hier ein Heißluftballon. Pilâtre de Rozier und der Marquis d'Arlandes waren am 21. November 1783 beim Bois de Boulogne mit einem Heißluftballon, einer Montgolfière, aufgestiegen und hatten über den Invalidendom und das Quartier Latin den ersten bemannten Flug unternommen. Daran erinnert eine Bronzetafel. Auf der Place Verlaine haben sich Boulespieler getroffen, immer wieder klicken leise die Kugeln.

IM CHINATOWN VON PARIS

Die Rue de Tolbiac trennt das beschauliche Butte-aux-Cailles im 13. Arrondissement von Chinatown. »Italie XIII« hieß das Projekt, in dem die Architekten Anfang der 1970er-Jahre davon träumten, dass nicht mehr Straßen, sondern Hochhäuser die Struktur der Stadt bestimmen würden. Präsident Valéry Giscard d'Estaing stoppte »Béton brut« 1974 wieder. Asiatische Flüchtlinge zogen hierher, machten aus dem Hochhausprojekt »Les Olympiades« nach und nach das Pariser Chinatown mit über 70 000 Bewohnern. Im ältesten asiatischen Supermarkt, Tang Frères in der Rue d'Ivry, kaufen mittlerweile auch immer mehr Franzosen ein. Über 150 asiatische Restaurants bieten ihre Spezialitäten an.
Die größte Sammlung asiatischer Kunst außerhalb Asiens liegt in der Nähe der Trocadéro-Gärten: Das Musée national des Arts asiatiques Guimet besitzt etwa 45 000 Exponate.

WEITERE INFORMATIONEN

Musée national des Arts asiatiques Guimet
6, Place d'Iéna, Tel. 01-56 52 53 00.
Mi–Mo 10–18 Uhr.
Metro: Iéna
www.guimet.fr

Hier kann sogar der Nüchterne nicht widerstehen: Paris am Abend, mit dem Eiffelturm am Horizont (rechts) berührt jeden. Romantik pur erleben die Besucher, wenn sie direkt an der Seine mit Blick auf Notre-Dame Kaffee trinken (oben). Reiter grüßt Eiffelturm (Mitte) – und ein Spiel mit der Geometrie spielt La Défense, die Bürohochburg (unten).

Der Westen

Ganz klein wirkt die École Militaire mit dem Champ-de-Mars im Vordergrund, so übermächtig spannt der Eiffelturm sein Stahlgerüst in den Pariser Abendhimmel (rechts). Die »Stahlvenus« macht den goldenen Figuren vor dem Palais de Chaillot an der Esplanade des Trocadéro Konkurrenz (oben).

30 Der Eiffelturm – geliebte »Stahlvenus«

Der romantischste Platz für Jasager

Tom Cruise tat es, Rod Stewart auch – und mit ihnen viele Verliebte: Sie machen auf dem Eiffelturm einen Heiratsantrag oder schwören sich ewige Liebe. Die »Stahlvenus«, wie sie Jean Cocteau bezeichnet hat, als Ehestifterin? Nur ein Attribut von vielen, die das berühmteste Wahrzeichen von Paris schmücken. Niemand spricht mehr davon, dass die Entwürfe von Gustave Eiffel einst geschmäht wurden.

Eine Fahrt mit der Metrolinie 6 Richtung Charles de Gaulle-Étoile lässt die Vorfreude steigen. Ab Station Sèvres-Lecourbe rattert die Bahn bis auf die andere Seineseite oberirdisch. Erst lugt nur die Spitze durch das Häusermeer, doch dann präsentiert er sich rechter Hand in seiner ganzen Höhe: der Eiffelturm. Besonders am Abend und in der Nacht sollten Sie diesen kleinen Metro-Abstecher machen und das Pariser Wahrzeichen in funkelnder Lichterpracht bewundern. Wenn Sie dann auch noch einen Fensterplatz haben, gehört es Ihnen fast alleine!

Oder Sie ergattern einen Tisch im Schlemmer-Sternelokal »Jules Verne« von Pascal Féraud, das seine Gäste mit dem Privatlift im Südpfeiler zur zweiten Plattform in 115 Meter Höhe bringt. Sie sind eher Frühaufsteher? Um 9 Uhr fahren im Hochsommer die ersten Lifte bzw. kann man auf den Treppenweg nach oben steigen. In der Hauptsaison – und die ist bei diesem Wahrzeichen eigentlich immer – drängeln sich um diese Zeit schon die ersten Besuchergruppen. Es lohnt sich also, früh da zu sein oder als Nachtschwärmer spätabends die Lichter zu genießen – geöffnet ist in den Sommermonaten bis kurz nach Mitternacht. »Das macht Paris, es ist eine wunderschöne Stadt, sehr romantisch«, hatte Schauspieler Tom Cruise erklärt. 2005 war es, an einem frühen Freitagmorgen im Juni, als er auf dem Eiffelturm um die Hand seiner Katie Holmes anhielt. Die Online-Reisecommunity TripAdvisor kann diese Einschätzung nur bestätigen: Ihre Leser wählten den Eiffelturm auf Platz eins der zehn romantischsten Plätze für Jasager, noch vor dem London-Eye und Schloss Neuschwanstein (auf Platz sechs). Das wusste übrigens Rockröhre Rod Stewart schon längst, der ebenfalls hier in luftiger Höhe und auch 2005 seiner Penny Lancaster die Ehe angetragen hat.

Die Büste von Gustave Eiffel (unten) darf nicht fehlen, dem Erfinder und Erbauer einer einst umstrittenen Eisenkonstruktion, die längst das Wahrzeichen der Stadt ist. Die zu Luftsprüngen (Mitte) anregt, zu einer Liftfahrt einlädt (unten rechts), im Inneren bei Nacht golden glänzt (oben) und die von oben weit die Stadt überblicken lässt (rechts oben).

Eine »Schäferin der Wolken«

Und da hatte man 1909 ernsthaft darüber nachgedacht, diese »Schäferin der Wolken« (Guillaume Apollinaire) wieder abzureißen, als der Nutzungsvertrag von Eiffels Société de la Tour Eiffel mit der Stadt Paris abgelaufen war. Natürlich, sagten die einen, schließlich behindert er die Sicht von der Terrasse du Trocadéro auf das Champ-de-Mars und die Kuppel des Invalidendoms. Nein, er bleibt, forderten die anderen mit dem Verweis darauf, er sei bereits ein Wahrzeichen der Stadt.

Sie sollten Recht behalten, der Eiffelturm stand schon viel zu gut verankert auf Pariser Boden, als dass an seinem Fortbestehen ernsthaft gezweifelt werden durfte. So also wurde der Nutzungsvertrag verlängert – das Merchandising kam wohl dann auch dazu: der Turm als Schmuckstück, als Schlüsselanhänger, Briefbeschwerer, als Kissenmotiv …

Nicht zu vergessen die vielen Lieder und Chansons, in denen der stählerne Turm besungen, die vielen Bilder, auf denen er verewigt wurde und wird. Unzählige Spielfilme zeigen ihn als unverkennbare Kulisse. Und natürlich hat das Pariser Original Nachahmer gefunden: Im Maßstab 1:2 steht der Eiffelturm als Kopie in Las Vegas, ähnliche Türme stehen in Tokio und Lyon.

Und er war Schauplatz spektakulärer Heldentaten, aber leider auch letzte Anlaufstelle für über 350 Lebensmüde. 1912 versuchte der österreichische Schneider Franz Reichelt vom Eiffelturm zu fliegen. Er benützte dazu ein überdimensioniertes Cape, das ihm nichts half: Vor einer großen Menschenmenge stürzte er in den Tod.

Die immer noch anhaltende Erfolgsgeschichte des Eiffelturms hat sein Erbauer Gustave Eiffel bis zu seinem Tode 1923 begleitet. Dass sein grandioses Bauwerk 1930 von einem anderen, noch höheren von Platz Nummer eins als höchstes Gebäude der Welt verdrängt wurde, hat er zum Glück nicht mehr erlebt. Das Chrysler Building in New York wuchs 319 Meter in den Himmel, ein Jahr später das Empire State Building bis auf 381 Meter.

Geniale Ingenieursleistung

Wer war dieser Gustave Eiffel, der einem der bekanntesten Wahrzeichen in Europa, vielleicht sogar der Welt, seinen Namen gab? Der renommierte Ingenieur hatte Erfahrungen im Brückenbau gesammelt, bevor ihm die spektakuläre Idee kam zum Bau der 320 Meter hohen und 7000 Tonnen schweren Eisenkonstruktion in den Parkanlagen der Marsfeldes nahe der Seine: »Es wird das größte je von Menschenhand geschaffene Bauwerk sein. Ist das nicht schon Berechtigung genug?«, musste Gustave Eiffel seine Kritiker beruhigen. Denn diese hatte er genug. »Unnötig und ungeheuerlich« waren noch die harmlosesten Beschimpfungen, die er sich gefallen lassen musste.

Seine Idee von einem Turm, der höher als 1000 Fuß sein und aus einem Gitterwerk bestehen sollte … Die Grundlagen für dieses kühne Bauwerk hatte Eiffels Chefentwickler Maurice Koechlin geschaffen. Er skizzierte einen Turm aus Gittern, der auf vier Füßen steht und sich nach oben hin verjüngt. Dieses Verfahren erlaubte es, Masten von über 300 Meter Höhe zu konstruieren.

Die Kosten waren schnell getilgt

Für die Weltausstellung 1889 einen Eisenturm mit quadratischem Grundriss, 125 Metern Seitenlänge und 300 Metern Höhe zu bauen – dafür erhielt Gustave Eiffel den Zuschlag. Gut zwei Jahre Bauzeit benötigte das bis dato einmalige Stahlgerüst, das bald Namen wie »eiserne Giraffe« oder »Stahlvenus« erhielt.
Für die »Dame aus Eisen« fügten bis zu 250 Arbeiter 18 038 vorfabrizierte Eisenelemente mit 2,5 Millionen Nieten zusammen. Die Baukosten betrugen etwa 1,8 Millionen Francs – bereits im ersten Jahr ließen die knapp zwei Millionen Besucher die Kasse mit über 6 Millionen Francs kräftig klingeln. »La Tour Eiffel« war die Sensation bei dieser Weltausstellung und sollte es bleiben.
Natürlich nagte der Zahn der Zeit an ihm, er setzte Rost an und verlor im Lauf der Jahre sein glänzendes Aussehen. 1977 begannen umfangreiche Renovierungsarbeiten, deren Kosten sich auf 205 Millionen Francs beliefen. Lifte, Treppen und die Restaurants wurden repariert, ausgetauscht, erneuert. Nun erhält der Turm alle fünf Jahre einen neuen Anstrich, dafür sind 60 Tonnen Farbe nötig. Die Turmspitze eignet sich gut, um Antennen zu installieren – die letzten kamen im Jahr 2000 darauf und gaben dem Eiffelturm die aktuelle Höhe von 324 Metern.
An neuen Ideen mangelt es nicht. Ab 2013 wird die erste Etage noch attraktiver, wenn ein Teil des Bodens mit einer 33 Millimeter dicken Glasplatte versehen wird. Es sollen die »schönsten Toiletten der Welt mit außerordentlichem Blick entstehen«, versichert die Betreiberfirma. Ob sich der Turm auch in einen »Lebensbaum« verwandeln wird mit einem grünen Kleid aus 600 000 Pflanzen? Diese Idee spaltet derzeit die Grande Nation, denn sie soll 72 Millionen Euro kosten. Eine *sottise,* eine Dummheit? Man wird sehen …

ÜBER DEN DÄCHERN VON PARIS

Auf der Aussichtsplattform des **Montparnasse-Turms** auf der 58. Etage und in 210 Metern Höhe kann man bei schönem Wetter 40 Kilometer weit sehen. Am **Institut du Monde Arabe** fährt der gläserne Aufzug die Besucher in den 9. Stock zu Aussicht und Restaurant. Im **Centre Pompidou** rollen die Treppen hinauf in den 6. Stock zum Restaurant Georges und der Aussichtsplattform. Im **Panthéon** führen 206 Stufen der Wendeltreppe zur äußeren Rundterrasse, die einen weiten Blick über Paris ermöglicht. Vom **Arc de Triomphe** blickt man vor allem hinunter auf die zwölf Avenuen, die sternförmig auf den Platz zulaufen. Dazu muss man 284 Stufen hinauf. Das Restaurant déli-cieux auf dem Dach des **Kaufhauses Printemps** gewährt genauso einen luftigen Blick auf die Stadt wie der Heißluftballon im **Park André Citroën,** der 150 Meter über der Erde schwebt.

WEITERE INFORMATIONEN

Tour Eiffel
Champ-de-Mars, Tel. 08-92 70 12 39. Täglich 9.30 Uhr–23.00 Uhr; Mitte Juni–August 9.00–24.00 Uhr, Treppen u. Aufzüge haben z.T. unterschiedliche Öffnungszeiten. Metro: Bir-Harkeim, Trocadéro, École Militaire. www.tour-eiffel.fr

Bis 1930 war der Eiffelturm, unter dem sich das Champ-de-Mars ausbreitet (unten rechts), das höchste Gebäude der Welt. Einen einmaligen Blick darauf hat man aus dem Trocadéro-Garten (unten) und vom Palais de Chaillot (oben). Aug in Aug mit 8000 Meereslebewesen befindet man sich im Aquarium Cineaqua im Trocadéro (rechts oben).

31 Der Trocadéro-Garten – Terrassen und Brunnen

Der Eiffelturm als Postkartenklassiker

Wenn es einen Park gibt, den Sie auf dem Weg zum oder vom Eiffelturm unbedingt besuchen sollten, dann sind es die Jardins du Trocadéro. Die wunderschöne Anlage, im Mittelpunkt der Warschauer Brunnen, ist fast zehn Hektar groß. Von hier aus hat man eine nahezu freie Aussicht auf den Eiffelturm, der gegenüber alles elegant überragt. Die Gärten wurden 1937 in dieser Form gestaltet.

Die Gestalt rührt sich nicht. Von Kopf bis Fuß in goldene Tücher eingewickelt, das Gesicht kalkweiß angemalt und ohne Regung. Genauso fest und unbeweglich wie das begehrte Objekt dahinter – der Eiffelturm. Von den Jardins du Trocadéro hat man auf das hohe Stahlgerüst den wohl schönsten Blick. Bereits zur Weltausstellung 1878 wurden hier Gärten angelegt, die heutigen stammen aus dem Jahr 1937. 20 Fontänen bieten im großen Warschauer Brunnen ein bemerkenswertes Schauspiel, besonders am Abend und in der Nacht, wenn die umgebenden Stein- und vergoldeten Bronzefiguren und das hoch schießende Wasser angestrahlt werden. Unter den Statuen befindet sich Daniel Bacqués »Frau« sowie Georges Lucien Guyots »Pferd« und der »Mann« von Pierre Traverse.
Sanft fallen auf beiden Seiten des Brunnens die Hänge zur Seine und zum Pont d'Iéna ab. Junge Leute lassen die Frisbeescheibe durch die Luft sausen, während anderswo am frühen Nachmittag schon die erste Rotweinflasche kreist. Die Sonne scheint – kann man sich Paris eigentlich im Regen vorstellen? – und so mancher Reiseführer wird als Kopfbedeckung missbraucht. Was interessieren hier auch noch die vielen Kunstschätze der Stadt, wenn man *das* Monumentalwerk so nah vor Augen hat?
Schnell die Stufen hinaufgespurtet zur Esplanade de Trocadéro, vorbei an schmunzelnden Polizisten und älteren Damen mit Silberlöckchen. Dass dieser Platz auch »Vorplatz der Freiheit und der Menschenrechte« heißt, interessiert weder die asiatische Reisegruppe noch die Familie mit ihren halbwüchsigen Kindern, die auf den Stufen sitzt und das wahrlich schönste Panorama auf den Eiffelturm genießt. Postkartenmotiv pur, beste Klischeeansicht des größten Wahrzeichens der Stadt! Kein Wunder, dass Hunderte von Menschen mit ihren

Handys fotografierend und filmend auf Augenhöhe vorbeiziehen.

Tausende Kameras wollen immer nur das eine

Rechts und links vom Platz ragen die weiten, ovalen Flügelbauten des Palais de Chaillot auf. Jacques Carlu, Léon Azéma und Louis-Auguste Boileau entwarfen den monumentalen und etwas pathetischen Bau für die Weltausstellung im Jahr 1937. Die Fassade schmücken zahlreiche Reliefs und Skulpturen. Eine davon scheint sich selbstständig gemacht zu haben, steht nun starr und unbeweglich in der Blickachse zum Eiffelturm und dürfte somit auf zahlreichen Bildern rund um den Erdball auftauchen. Man muss schon jonglieren, um diese in Gold gewandete Gestalt mit dem weißen Gesicht nicht aufs Foto zu bekommen, wenn man die grandiose Ansicht des Eiffelturms aufs Bild bannen will. Plötzlich eine schnelle Bewegung – was war das? Nur ein paar Cents als Dankeschön für den zur Statue gewordenen Menschen. Ob ein Foto …? Unmerklich nickt die Goldfigur, neben der sich rasch ein paar kichernde Kinder versammeln, während Mama den Auslöser drückt. Dieses eine Mal steht der Eiffelturm nur im Hintergrund.

Kirchen in Drei-D

Im Palais de Chaillot sind mehrere Museen untergebracht, so das Marinemuseum, das sich der Geschichte der französischen Seefahrt widmet; das Architekturmuseum dokumentiert die Geschichte der Architektur in Frankreich, bemerkenswert sind 3-D-Modelle von Kathedralen wie etwa Chartres oder die Rekonstruktion eines von Le Corbusier eingerichteten Appartements.

Nur ein paar Schritte sind es von der viel beachteten Aussichtsplattform zur Place du Trocadéro, von der aus sechs Straßen in das westliche und nördliche Paris führen, und auch zwei Metrostationen sind schnell zu erreichen.

Dorthin verschwindet die Goldfigur, aus der sich zwei Beine schälen, die munter davontraben. Jetzt ist der Blick auf den Eiffelturm wieder ganz frei.

AUG IN AUG MIT HAIEN

Das neue Aquarium im Trocadéro fängt das maritime Leben ein in Multi-Media-Installationen. Wie ein Fluss folgt man den Becken entlang, rund 19 Meter unter die Erde. Von der Quelle der Seine bis zu ihrer Mündung entdeckt man die reiche Fischwelt, durch den Kanal zum Atlantik, entlang dem Mittelmeer oder an der Küste der französischen Territorien wie Polynesien und Guyana. In den über 40 Millionen Litern Wasser tummeln sich 400 verschiedene Arten von Meereslebewesen – über 8000 Tiere insgesamt. Das größte Becken im Cinéaqua ist fast zehn Meter tief und enthält 3000 Tonnen Wasser sowie 100 Tonnen Salz. Man geht durch einen elf Meter langen Tunnel, der es ermöglicht, Auge in Auge mit Rochen und Haien zu sein. In drei Kinos werden Zeichentrickfilme und aktuelle Dokumentationen über die Meeresverschmutzung gezeigt. Theater gespielt wird im Cinéaqua auch, Stücke wie: »Ozeanien ist keine Müllkippe«.

WEITERE INFORMATIONEN

Aquarium de Paris – Cinéaqua
5, avenue Albert de Mun,
Tel. 01-40 69 23 23. Täglich 10–20 Uhr.
Metro: Trocadéro, Iéna
www.cineaqua.com

32 Musée Marmottan – im Mittelpunkt Claude Monet

Aus aller Welt kamen seine Werke hierher

Wer sich für den Impressionismus begeistert, ist hier bestens aufgehoben: Das Musée Marmottan kann mit Fug und Recht behaupten, die größte Monetsammlung der Welt zu besitzen. Den Grundstein legte die Sammelleidenschaft des Kunsthistorikers Paul Marmottan. Michel Monet stiftete den Nachlass seines berühmten Vaters.

Das Musée Marmottan rühmt sich, die größte Monet-Sammlung der Welt zu haben, wie etwa die berühmten Seerosenbilder des impressionistisch malenden Künstlers (oben und unten).

Jules Marmottan kaufte 1882 den Jagdpavillon des Herzogs von Valmy neben dem Bois de Boulogne. Nach seinem Tod war es sein Sohn Paul, der angesichts der vielen Kunstobjekte und Gemälde entschied, die Villa zu erweitern. Zwei Jahre nach seinem Tod, 1934, entstand das Museum gleichen Namens. Auch die Bibliothek Marmottan fand hier ihren Platz.

Dass das Museum neben Empiremöbeln und mittelalterlichen Miniaturen auch die größte Monetsammlung der Welt den Besuchern präsentieren kann, hat sie Michel Monet zu verdanken, dem zweiten Sohn des Malers. Er vermachte 1966 sein Vermögen in Giverny der Französischen Akademie der Bildenden Künste und stiftete seine Sammlung von Gemälden seines Vaters dem Museum Marmottan. Auch ein Teil der privaten Sammlung Claude Monets wurde dem Museum überlassen, mit Werken von Camille Pissarro, Auguste Renoir und Alfred Sisley.

Räume für die »Seerosen«

Zu besichtigen sind auch Monets Arbeiten aus der Seerosen-Serie. Diese Seerosenbilder malte Monet auch für die beiden ovalen Räume im Souterrain des Musée de l'Orangerie im Jardin des Tuileries. Davon ließ sich Kurator Jacques Carlu inspirieren und errichtete im Marmottan-Museum einen ähnlichen Raum, sodass die großen Bilder an teilweise runden Wänden hängen.

Der Besucher bekommt zudem spätere, in Givenchy entstandene Werke von Claude Monet zu sehen, darunter die »Japanische Brücke« oder »Die Trauerweide«. Namhafte Kunstsammler stellten im Laufe der Jahre ihre Schätze ebenfalls dem Museum zur Verfügung, das so auch Werke von Berthe Morisot, Édouard Manet, Edgar Degas oder Henri Rouart zeigen kann.

INFO: Musée Marmottan Monet, 2, rue Louis Boilly, Tel. 01-44 96 50 33. Di–So 10–18 Uhr, Do bis 20 Uhr. Metro: La Muette. www.marmottan.com

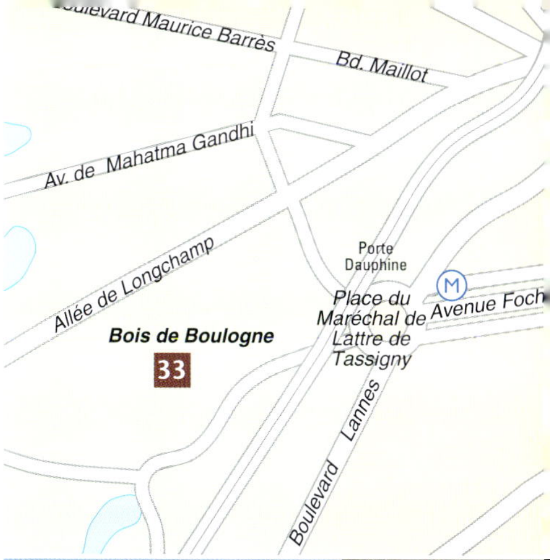

33 Bois de Boulogne – ein ideales Refugium

Eine Wette und zwei Pferdebahnen

Zwischen den westlichen Vororten und der Seine liegt eine weitere »grüne Lunge« von Paris, der Bois de Boulogne. Vor allem tagsüber bevölkern Familien, Spaziergänger und Sportler den Park, an dessen Rand die beiden Pferderennbahnen Longchamps und Auteuil liegen.

Der »Bois« ist das kleine Überbleibsel des ursprünglichen Forêt du Rouvre, einem großen Waldgebiet vor Paris, in dem zu allen Zeiten gern und viel gejagt wurde. Auch soll dieser Wald den Erzählungen nach Wegelagerern und Dieben Unterschlupf geboten haben, und hier habe man gerne Duelle ausgetragen. Napoleon III. und Baron Haussmann gestalteten Mitte des 19. Jahrhunderts den von Ludwig XIV. angelegten Park neu, als Vorbild diente der Hyde Park von London. Sie öffneten den bis dato abgeschirmten Park für jedermann. Das Herzstück bildet ein kleiner Landsitz, das Schlösschen Bagatelle, das 1777 der Graf von Artois, der spätere König Karl X., bauen ließ. Grund war eine Wette zwischen dem Grafen und seiner Schwägerin, der Königin Marie-Antoinette, und so erstand das Haus in nur 64 Tagen Bauzeit. Der Wetteinsatz: 100 000 Livres. Dazu gehört ein einmaliger Garten, in dem an die 100 verschiedene Rosensorten blühen. Hier findet jährlich im Juni ein internationaler Wettbewerb für neue Rosensorten statt.

Pferderennen und Tennis

Auf der 1850 eingeweihten Pferderennbahn von Auteuil finden Hindernisrennen statt, die von Longchamp zieht jedes Jahr Zehntausende von mondänen Besuchern zu berühmten Grand-Prix-Rennen an. Ende Mai pilgern die Besucher ins Roland Garros, um die Tennis French Open zu sehen.
Man merkt, dass im Bois de Boulogne mehrere Parks zusammengefasst wurden, die für jeden Geschmack etwas bieten: Er lädt zum Picknicken ein, zum Boot- und Radfahren oder Wandern – ein ideales Erholungsbiet übrigens nach einer Besichtigungstour durch Paris (Vélib'-Leihfahrräder gibt es bei den Metro-Stationen). Wer sich entspannen möchte, der kann das bei einem Ausflug tun, der wie ein Miniurlaub erscheint: Es gibt idyllische Pfade und Reitwege, zwei Seen, Wasserfälle, Kinderspielstätten, ein Freilichttheater, einen Zoo …
Lediglich am Abend raten Pariser von einem Besuch des Parks ab.
INFO: Bois de Boulogne,
Metro: Porte Maillot, Porte Dauphine.

Das Schlösschen Bagatelle (oben) des Grafen von Artois im weitläufigen Bois de Boulogne, in dem sich so manche bezaubernde Skulptur entdecken lässt (unten).

Die kleine Freiheitsstatue grüßt gen Westen auf der Allée des Cygnes, einem 890 Meter langen Damm in der Seine (rechts). Weitaus bekannter ist seit dem Tod von Prinzessin Diana der Pont de l'Alma mit seiner goldenen Freiheitsflamme (unten). Vom *bâteau-mouche* aus (oben) lassen sich Seine und Paris gleichermaßen erkunden.

34 Die Seine – Lebensader

Vom Boot aus die Schokoladenseite der Stadt bewundern

Die Seine – auf ihr fahren Ausflugsschiffe, über sie spannen sich historische und moderne Brücken, tagein und tagaus frequentiert von zahllosen Fußgängern, Radfahrern, Autos, Bussen, Lastwagen. Wie eine Lebensader zieht sich der Fluss durch Paris, teilt die Metropole in die Rive Droite im Norden und die Rive Gauche auf der Südseite. An der Seine liegen alle wichtigen Gebäude der Stadt.

Alles ist in Bewegung – Skateboardfahrer, Rollerblader, Jogger, die ihre Kinderwagen vor sich her schieben. Trauben von Radlern, darunter auch Kinder, die man an Wochentagen nur selten fahren sieht. Es rollt und schiebt und gleitet und klingelt, dazwischen Spaziergänger, Sonnenanbeter, Liebespaare. Halb Paris ist an der Seine unterwegs, denn am Sonntag sind die Quais autofrei, und bei gutem Wetter bricht Volksfeststimmung aus – vor allem im Sommer: Vor über zehn Jahren wurde die Idee der »Paris Plages« geboren, und man begann, an den Ufern Sand aufzuschütten und zum Strandleben mit Liegestühlen, Beachvolleyball und Strandcafés einzuladen.

Natürlich können Sie auch an anderen Tagen am Fluss entlangbummeln, von den 30 Kilometern Ufer sind zehn Fußgängerzone mit Platanen, Pappeln und Bänken. Sie befinden sich auf Augenhöhe mit Anglern, wünschen den Gästen der schwimmenden Restaurants »bon appétit« und halten mit den Besitzern der Hausboote einen kleinen Schwatz.

Vom Fluss aus beginnt die Nummerierung

Die Seine ist die Lebensader von Paris, ohne sie gäbe es die Stadt nicht, an ihren Ufern ließen sich in grauer Vorzeit Kelten nieder. Der Fluss ist Dreh- und Angelpunkt allen Lebens in der Stadt, teilt sie und dient als Entfernungsmesser. Von hier aus werden die Pariser Hausnummern gezählt: Die Nummerierung beginnt am Fluss – bei den Straßen, die von der Seine aus nach Norden oder Süden führen. Bei den anderen folgt sie dem Lauf der Seine, d.h. flussaufwärts findet man die niedrigen Nummern, flussabwärts die hohen.

Direkt an der Seine oder höchstens einen Steinwurf entfernt liegen alle wichtigen Gebäude der Stadt. Elegante, prächtige Stadtpalais und Häuser, Museen, Denkmäler und Parks säumen die Ufer zu beiden Seiten. Das veranlasste

Drei verschiedene Blickwinkel, eine Brücke: der Pont Alexandre III (oben). An beiden Enden stehen Säulen mit Pegasuspferden (Mitte), Kandelaber, Girlanden und Nymphen schmücken die Brücke (unten), eine von 37 im Pariser Stadtgebiet, die über die Seine führen (unten rechts).

1991 die UNESCO, das Seine-Ufer zwischen Pont de Sully im Westen und Pont d'Iéna im Osten in die Liste schützenswerter Kulturdenkmäler aufzunehmen. In der Begründung dazu heißt es: »Von der Seine aus sieht man die Entwicklung und Geschichte der Stadt Paris vom Louvre zum Eiffelturm, von der Place de la Concorde zum Grand Palais und Petit Palais.«
Selbstverständlich kann man die Stadt auch mit einem Aussichtsbus erkunden, kann am Sonntag mit einem Vélib' auf den autofreien Quais die Ufer hinauf- und hinunterradeln. Doch was ist das schon gegen eine Fahrt in einem Bâteau-Mouche? Egal, ob Sie mit diesen berühmten Ausflugsbooten nur vom Louvre bis zu den Champs-Élysées fahren oder gleich bis zur Tour Eiffel buchen – vom Wasser aus zeigt sich Paris von seiner eindrucksvollsten Seite. Das gilt für den Tag genauso wie für einen Aufenthalt auf einem der Nachtschiffe, der Bâteaux de Nuit.
Acht Stationen fahren die »Batobus« an, sie sind wie ein Bus auf dem Fluss – wie ihr Name schon andeutet. Fahrplanmäßig verkehren sie zwischen Eiffelturm und Jardin des Plantes, eine weitere Flusslinie, genannt Voguéo, bringt die Passagiere von der Gare d'Austerlitz zur Nationalbibliothek und dem Park Bercy und darüber hinaus bis in die Vorstädte wie Maisons-Alfort.

Unterwegs mit dem Fluss-Bus

Jeder fünfte Parisbesucher erkundet die Stadt auf der Seine, verschafft sich erst einmal einen ersten Überblick über die Historie, die sich vom Wasser aus gut ablesen lässt: Während der Ostteil von Paris auf älteren historischen Wurzeln gründet, wurde die Westhälfte vorwiegend im 19. und 20. Jahrhundert architektonisch geprägt. Eine Bootsfahrt lässt sich leicht ins Sightseeing-Programm einbauen. Oder beschließen Sie auf diese Weise einen langen Besichtigungstag und lassen Sie sich gemütlich nach Hause schippern. Eine der Stationen von Batobus Paris liegt ganz in der Nähe des Eiffelturms.
Wenn Sie Zeit haben, schlendern Sie – gewissermaßen – auf der Seine zum Parc André-Citroën, der auf dem Areal der abgerissenen Autofabrik entstanden ist. 120 Wasserfontänen spritzen das Wasser bis zu vier Meter hoch. Von hier aus haben Sie auch einen herrlichen Blick auf den leuchtend grünen Pont Mirabeau. Die imposanten Brückenfiguren an den Flusspfeilern sind es wert, näher betrachtet zu werden.
37 Brücken überqueren auf städtischem Gebiet die Seine, die nach wie vor eine wichtige Transport- und Verkehrsader ist, stark befahren von zahlreichen Frachtschiffen. Paris besitzt Frankreichs größten Binnenhafen. Durch Kanäle ist die Stadt mit dem Rhein, der Rhône und der Loire verbunden. Viele Jahrhunderte hindurch bestand ein Großteil der Pariser Bevölkerung aus Schiffern und Fischern, war Paris eine Drehscheibe des Handels zu Wasser. So ziert auch ein Segelschiff das Pariser Stadtwappen.

Eine Allee mitten in der Seine

Die Allée des Cygnes, eine Grünfläche auf einem ehemaligen Damm mitten im Flusslauf der Seine, verbindet den Pont de Grenelle und den Pont de Bir-Hakeim. Vor ihr steht auf dem Grenelle-

Brückenkopf die kleine Kopie der Freiheitsstatue, die die Stadt 1885 geschenkt bekam. Sie blickt nach Westen, in Richtung New York. Von der anderen Seite der Seine grüßt der Rundbau von Radio France aus dem Jahr 1960, in dem neben Aufnahmestudios auch ein Rundfunkmuseum untergebracht ist. Die Promenade auf dem 1825 angelegten Damm wird von 322 Bäumen gesäumt und ist 890 Meter lang. Alle paar Minuten rattert eine Metro über den Pont de Bir-Hakeim und quert hier oberirdisch die Seine – begleitet von dem dynamisch wirkenden Jeanne d'Arc-Reiterstandbild des Dänen Holger Wederkinch.

In Nähe des Pont d'Iéna und damit unmittelbar neben dem Eiffelturm legen die Ausflugsboote in der Hochsaison im Viertelstundentakt an. Wollen Sie in Fahrtrichtung rechts oder links sitzen – oder im Freien? Jetzt erleben Sie das Paris, dessen Bauten größtenteils aus der Napoleonischen Zeit und der industriellen Revolution stammen. Nach der Passerelle Debilly sieht man linker Hand das Palais de Tokyo mit seinen hübschen Figuren. Im Ostflügel zeigt das Museum für Moderne Kunst wichtige Werke des 20. Jahrhunderts, so das Wandbild »Elektrizität« von Raoul Dufy. Die goldene Kuppel des Invalidendoms grüßt glitzernd im Sonnenlicht, ehe der Pont de l'Alma über dem Boot hinwegzieht. Dort werden am Zouave, der Statue am Brückenpfeiler, nach wie vor die Wasserstände der Seine abgelesen. Auf der Brücke steht die (steinerne) Freiheitsflamme für die französische Résistance. Sie erinnert auch an den Unfalltod von Diana, der Prinzessin von Wales, die 1997 im nahen Tunnel ums Leben kam.

Dann tauchen das Grand Palais mit dem Wissenschaftsmuseum sowie Ausstellungsräumen und das Petit Palais, das heutige Musée des Beaux-Arts, auf. Beide Gebäude wurden für die Weltausstellung 1900 in prächtigem Neobarock errichtet. Zu sehen sind Gemälde- und

Zouave ist die steinerne Figur am Brückenpfeiler des Pont de l'Alma (oben), an dem die Wasserstände abgelesen werden. Die Spitze der Île de la Cité (unten) ragt in die Seine. Im Grünen und doch mitten im Wasser – auf der Allée des Cygnes (Mitte).

Die Passarelle Simone-de-Beauvoir (unten) wurde 2006 eingeweiht, der Pont au Double (Mitte) in seiner jetzigen Form aus Gusseisen stammt von 1833. Der Eiffelturm (oben) entstand zur Weltausstellung 1889, der Parc André Citroën (oben rechts) ab den 1970er-Jahren. Die Paris Plages feierten schon ihr zehntes Jubiläum (rechts unten und oben).

Skulpturensammlungen von der Antike bis ins 20. Jahrhundert, außerdem Wandteppiche, Möbel und Kunsthandwerk. Zwischen den beiden Palais spannt sich der Pont Alexandre III über die Seine, die prunkvollste aller Brücken. 1896 legte Zar Nikolaus II. den Grundstein, um damit die freundschaftliche Beziehung zwischen Frankreich und Russland zu dokumentieren. An beiden Enden stehen 17 Meter hohe Säulen mit vergoldeten Pegasuspferden, Girlanden und Kandelaber sowie Nymphen der Seine und der Newa zieren die Brücke. Der Sitz der Nationalversammlung des französischen Parlaments zieht vorüber, wenn man unter dem Pont de la Concorde durchfährt.

Auf der Höhe der Île de la Cité

Nun nähern sich die Ausflugsboote dem historischen Herzen der Stadt. Vorbei geht es an den Tuilerien mit dem Musée de l'Orangerie und, auf der anderen Seite, am Musée d'Orsay. Plötzlich taucht die grüne Spitze der Île de la Cité auf, während man noch die imposante, lange Fassade des Louvre betrachtet. Da hat man auch schon die Passerelle des Arts gequert, die gerade zur »blauen Stunde« dicht bevölkert ist, weil es einfach ein unglaubliches Schauspiel zu bewundern gibt: Die untergehende Sonne taucht die Türme von Notre-Dame und Sainte-Chapelle in ein gelbliches Licht. Diese Brücke ist schon lange kein Geheimtipp mehr, wenn sie als bester Picknickplatz in der Seine-Metropole erwähnt wird. Dennoch: Für ein romantisches Abendessen mit Baguette, Käse und Rotwein im Freien wird es wohl nie einen schöneren Platz geben.
Unter dem Pont Neuf wird man zweimal durchfahren, falls Sie nicht einen Zwischenstopp auf der Île de la Cité einlegen oder einfach an der Seine zum nächsten Bootsanlegeplatz auf Höhe von Notre-Dame schlendern, vorbei an den etwa 240 Bouquinisten, die rechts und links des Flusses, vom Louvre bis zum

Pont de Sully, in den charakteristischen, einheitlichen grünen Schaukästen ihre Bücher, Zeitschriften, Comics, Kunstdrucke und Postkarten anbieten. Sie können auch auf den Spuren von Präsident François Mitterrand wandeln, ehemals passionierter Spaziergänger, es gibt sogar einen ausgeschilderten Weg.

Schön geschwungen ohne Pfeiler

Zurück auf dem Schiff geht es bis zum Jardin des Plantes, dem Botanischen Garten von Paris. Hier drehen die meisten Boote wieder um, nur die Linie Voguéo fährt weiter. So sieht man die schwungvollen Bögen der im Juli 2006 eingeweihten Passerelle Simone-de-Beauvoir des österreichischen Architekten Dietmar Feichtinger. Das ist die jüngste Brücke über die Seine und die erste, die nach einer Frau benannt wurde. Wie zwei lang gezogene Sinuswellen schwingt sich die Brücke über das Wasser, verbindet das Areal der Bibliothèque François Mitterrand mit dem Parc de Bercy. Hier befand sich bis in die 1970er-Jahre hinein Frankreichs größter Umschlagplatz für Wein. 1997 wurde der Park eröffnet. In der Avenue des Terroirs de France ist das Musée des Arts forains, ein Kirmesmuseum, das sich nach Voranmeldung öffnet. Im Innenhof baumeln riesige Kronleuchter von den Kastanienbäumen, in den schummrigen Sälen hängen alte Jahrmarktspferde von der Decke – eines der Glitzerkarussells ist schöner als das andere.
Vom altehrwürdigen Paris in die Stadt des 21. Jahrhunderts: Das Kinomuseum, die Cinémathèque Française im Bercy-Viertel, hängt ein wenig schief – die Handschrift des Architekten Frank Gehry lässt sich nicht verleugnen. Und neben dem Fahrgastschiff auf der Seine taucht ein Ozeanriese auf. Das größte Schiff, das auf die Seine zusteuert, aber ist aus Stein: So jedenfalls wirkt das neu erbaute Finanzministerium auf den Betrachter.

PARIS PLAGES

Es ist *das* Sommer-Event von Paris: die »Paris Plages«, ein kilometerlanger Sandstreifen entlang der Seine. Zum zehnten Mal fand 2011 der Strandspaß am Fluss statt. Nicht nur dem Daheimgebliebenen bietet dieses Sommer-Sonne-Strand-Feeling etwas Abwechslung, auch die Touristen sind begeistert, am Strand auszuruhen. 6000 Tonnen Sand werden per Schiff an das Seine-Ufer zwischen Louvre und Pont d'Arcole geliefert. Dafür wird die stark befahrene Voie Georges Pompidou auf über zwei Kilometern gesperrt. Auch am **Bassin de la Villette**, dem Seitenarm der Seine, spielt man Strand mit Sand und Sonnenschirmen. Ein paar Hundert Meter vom Pariser Rathaus entfernt steht ein Schwimmbecken, das Wasser hat 29 Grad.
Schwimmen kann man zudem in den schwimmenden **Bädern in der Seine**, die schon im 18. Jahrhundert Mode waren. Beim Port de la Gare liegt die **Piscine Joséphine Baker** mit einem Sportbecken, mit Planschbecken, Solarien, Hamam und Sauna.

WEITERE INFORMATIONEN

Piscine Joséphine Baker
Tel. 01-56 61 96 50.
Metro: Bibliothèque F. Mitterrand

In der Mitte der Place Charles-de-Gaulle (oben) steht der Arc de Triomphe. Er überragt die Verkehrs-Schlagader Champs-Élysées (unten rechts) und erzählt in seinem Inneren (rechts oben) von Schlachten und Kriegen. Ein kleines Museum (unten) dokumentiert die Geschichte des Arc de Triomphe und erinnert zudem an Napoleon I.

35 Arc de Triomphe – zu Ehren von Napoleon

Grandioser Mittelpunkt auf dem »Sternplatz«

Abschluss oder Anfang? Schlendert man dorthin oder beginnt man von hier aus den Spaziergang die Champs-Élysées hinunter? Vergessen sind derartige Überlegungen, wenn man vor, unter oder hinter dem Triumphbogen steht, der imposanten Erinnerung an Kaiser Napoleon I., der sich und seinen Siegen damit ein Denkmal setzte. Darunter ist symbolträchtig das Grab des Unbekannten Soldaten, an dem Staatsgäste aus aller Welt Kränze niederlegen.

Einen Triumphbogen gibt es schon, der an Napoleons Sieg in der Schlacht von Austerlitz 1805 erinnert, es ist der 20 Meter hohe Arc de Triomphe du Carrousel. Der »kleine Triumphbogen« mit der Bronzequadriga steht zwischen Louvre und Tuileriengarten. Nicht erst die Staatspräsidenten der jüngeren Zeit neigten und neigen zum monumentalen baulichen Größendenken wie etwa Mitterrand, auch der kleine Soldatenkaiser empfand diesen kleinen Triumphbogen als seiner wohl nicht würdig genug. Deshalb ließ er 1806 mit den Arbeiten für ein klassizistisches Monument beginnen, das 50 Meter hoch sein sollte (zum Vergleich: die Grande Arche, die in der Verlängerung der Achse zu sehen ist, ist 111 Meter hoch). Die Vollendung des Baus verzögerte sich bis 1836, weil die Pläne des Architekten Jean Chalgrin geändert wurden, wohl aber auch, weil Napoleons Stern mittlerweile verglüht war.

Mittelpunkt für zwölf breite Avenuen

Vollendet also 1836 unter Louis Philippe, steht der nach antikem Vorbild konzipierte Triumphbogen in der Mitte der Place Charles-de-Gaulle, bis 1970 noch Place de l'Étoile genannt – Sternplatz. Was natürlich bildhaft ist bei dieser Lage! Zwölf Avenuen gehen von diesem Triumphbogen nach allen Richtungen ab, die 120 Meter breite Avenue Foch etwa zur Porte Dauphine, dem Hauptzugang zum Bois de Boulogne; die nicht schmalere Avenue de la Grande Armée, an deren Ende die Grande Arche grüßt. Die Avenue Kléber führt zur Place du Trocadéro und – natürlich – die Straße aller Straßen, die Champs-Élysées, beginnt hier – oder endet sie hier? Tou-

risten streben zum Triumphbogen hin, von allen Seiten, die Pariser beginnen lieber ihren Spaziergang hier und schlendern über die Champs-Élysées zur Place de la Concorde. Das heutige Aussehen dieses Platzes mit dem Triumphbogen in der Mitte hat Paris seinem obersten Städteplaner und Stadterneuerer Baron Haussmann zu verdanken, der dieses Ende der Champs-Élysées völlig neu gestalten ließ.

Grabmal des Unbekannten Soldaten

Doch wozu sich viele Gedanken machen? Wichtiger ist, wie man sich selbst am besten auf dem Bild platziert – mit dem Triumphbogen im Hintergrund, Arm in Arm, mit dem Fahrrad, lächelnd, ernst? Der Blick bleibt im Sucher, während das Monument umrundet wird. Ein eigener Tunnel führt unter dem viel befahrenen Platz hin zu dem 22 Meter tiefen Nationaldenkmal. Die Pfeiler sind mit kolossalen Figurengruppen geschmückt: Cortot verherrlichte den Triumph Napoleons zum Wiener Frieden von 1810 mit seiner »Krönung Napoleons«. Reliefs, Schilde, Skulpturen und Inschriften schildern die Kämpfe zur Zeit der Republik und des Kaiserreichs. Die Namen von 172 Schlachten und 386 Generälen vervollständigen die Kriegserinnerungen. Unter dem Bogen wurde 1921 das erste Grabmal eines Unbekannten Soldaten eingeweiht.
Und dann kam er doch noch zu Ehren: Napoleon wurde 1840, fast 20 Jahre nach seinem Tod, in einem feierlichen Trauerzug durch das Tor zum Invalidendom, seiner letzten Ruhestätte, getragen. 1885 wurde Victor Hugo eine Nacht lang hier aufgebahrt. Die Bevölkerung feierte am 26. August 1944 die Befreiung, und alljährlich findet hier die Parade zum Nationalfeiertag statt. Und außerdem markiert der Triumphbogen die Zielgerade der Tour de France!
Das kleine Musée de l'Arc de Triomphe dokumentiert die Geschichte des Monuments und zeigt auch Erinnerungen an Napoleon I. sowie an den Ersten Weltkrieg. Von der Plattform des Triumphbogens hat man eine traumhafte Aussicht über Paris und befindet sich mittendrin auf der Achse Louvre–Place de la Concorde–La Défense. Der Eiffelturm grüßt aus der Ferne.

ZUM TEE DIE NEUESTE MODE

Der Garten, so rühmen gekrönte Häupter, Staatsfrauen und flanierende Besucher unisono, sei der schönste aller Pariser Hotelgärten. Sie sprechen von dem im legendären Hotel Bristol in der Rue du Faubourg Saint-Honoré 112. Gleich gegenüber dem Élysée-Palast – Staatspräsident Nicolas Sarkozy speist hier gerne. Was dem 1925 eröffneten Hotel mittlerweile den Namen »Cantine de Sarkozy« eingebracht hat. Das Fünf-Sterne-Haus ist seit 1978 im Besitz der Bielefelder Unternehmerfamilie Oetker, und die setzt auf vornehme Zurückhaltung, was auch prominente Gäste zu schätzen wissen.
Vor dieser Kulisse fühlen sich auch die Pariser Couturiers wohl: Einmal im Monat mischen sich im Teesalon Models unter die Gäste und zeigen die neuesten Modelle der Saison.

WEITERE INFORMATIONEN

Arc de Triomphe
Place Charles-de-Gaulle,
Tel. 01-55 37 73 77. Täglich 10–23 Uhr, im Winter bis 22.30 Uhr.
Metro: Charles-de-Gaulle-Étoile
www.monuments-nationaux.fr
Hotel Bristol
Tel. 01-53 43 43 00.
www.lebristolparis.com

36 Die Champs-Élysées – die »schönste Avenue der Welt«

Flanieren auf den »Elysischen Feldern«

Für die einen »die schönste Avenue der Welt«, für die anderen »die teuerste Einkaufsmeile Europas«: die Champs-Élysées. Vielen Parisern und vor allem den unzähligen Touristen und Besuchern sind solche Gedanken egal – sie bummeln auf der rund 70 Meter breiten Avenue, fotografieren ohne Ende und nehmen überhöhte Kaffeepreise lächelnd in Kauf. Denn sie sind drin – mitten in Paris.

André Le Nôtre schuf die Prachtallee, deren Namen man weltweit mit leuchtenden Augen ausspricht: die Champs-Élysées (unten), eine Verlängerung über die Tuilerien zum später errichteten Arc de Triomphe (rechts unten). Hier ist der *café* teurer (oben) – *c'est la vie!* Luxustempel wie der von Louis Vuitton (rechts oben) haben Kunden aus aller Welt.

Wieder einmal war es der Meister seiner Zeit, der geniale Landschaftsgärtner von Ludwig XIV., André Le Nôtre, vor dessen geistigem Auge sich eine Prachtallee auftat, mit der man die Sichtachse des Louvre zu den Tuilerien und darüber hinaus verlängern konnte. Wie kein anderer beherrschte er das Spiel mit der Optik, was er auch hier im damals sumpfigen Waldgelände wieder einsetzte. Er schuf die Königin der Pariser Straßen, die er 1660 entwarf, und benannte sie nach den elysischen Gefilden, in der griechischen Mythologie der Himmel für Helden. Zwei Kilometer lang wurde die schnurgerade Allee vom Ende des Tuileriengartens aus.
Ab der Mitte des 19. Jahrhunderts begann ihr Aufstieg zur Prachtstraße. Champs-Élysées – alles, was Geld, Rang und Namen hatte, ließ sich entlang der Allee Prachtbauten und Residenzen errichten, Luxushotels und Nobelrestaurants folgten. Und natürlich Geschäfte! An ihren Auslagen drückten sich die Pariser die Nasen platt, drinnen erhielten gut betuchte Käufer, bekannte Schauspieler und renommierte Künstler alles, was ihr Herz begehrte.
Zurück ins 21. Jahrhundert. An einem sonnigen Sonntag um die Mittagszeit ist es möglich, mitten auf den achtspurigen Champs-Élysées zu stehen und ein wenig nachzuspüren, was die Flaneure zu Zeiten von Le Nôtre empfunden haben mögen, als sie den Blick auf die Tuilerien und den Louvre im Hintergrund hatten. Nur wenige Autos befahren die Prachtstraße, dafür sind die breiten Trottoirs überfüllt. Zwischen Triumphbogen und Place de la Concorde drängeln sich Touristen und Besucher, flanieren Pariser im Licht der Herbstsonne. Wobei sie in unterschiedliche Richtungen drängen, denn Stadtfremde erkunden die Champs-Élysées ab der Place de la Concorde, die Pariser selbst schlendern ihre Avenue vom Arc

HSBC

Paris öffnet verschlossene Türen am »Tag des kulturellen Erbes«, so auch das Palais de l'Élysée mit seinen Schätzen und Kostbarkeiten (Mitte) und den Prunksälen (unten rechts). Ein Spaziergang über die Champs-Élysées (oben, bei Nacht) führt an Edelboutiquen vorbei (unten), lockt zum Abstecher ins Hotel George V (rechts oben).

de Triomphe hinab, vorbei an den vielen internationalen Modegeschäften, die sich hier, an einer der begehrtesten Adressen, angesiedelt haben. Was so begehrt ist, hat auch seinen Preis: Durchschnittlich 7364 Euro kostet der Quadratmeter – die Immobilienprofis von Cushman & Wakefield gaben den Champs-Élysées das Attribut »teuerste Einkaufsmeile Europas« zurück und brachten noch einen Vergleich: Die Kosmetikkette Séphora hat auf den Champs-Élysées mehr Besucher als der Eiffelturm.

Facelift für eine Straße

Kein Wunder, mehr als eine halbe Million Touristen tummeln sich täglich auf den breiten Bürgersteigen, die im Zuge einer gründlichen Generalsanierung der in die Jahre gekommenen Prachtavenue entstanden. Ministerpräsident Jacques Chirac muss wohl an einer der Paraden zum Nationalfeiertag bei einer Fahrt im offenen Wagen über die Champs-Élysées gesehen haben, dass das Aussehen ein wenig fahl und abgenutzt geworden ist, mit all den Pizzerien und Schnellimbissen, den Filialen der Fluggesellschaften und den Eisdielen. 240 Millionen Francs ließ man fließen, um Fassaden zu renovieren, 200 zusätzliche Bäume zu pflanzen, neue Parkbänke aufzustellen und eben die Bürgersteige zu verbreitern.
Die Champs-Élysées lassen in ihrem Bestreben nicht nach, weiter an einem Facelift zu arbeiten. Die livrierten Doormen mit ihren dunklen Sonnenbrillen und Knopf im Ohr sind dabei ein wichtiges Teil im nimmermüden Radwerk der Champs: Nur immer ein kleine Handvoll Besucher beispielsweise darf in den Luxustempel von Louis Vuitton in Haus Nummer 101, das im Herbst 2004 an der Ecke zur Rue George V seinen Flagshipstore eröffnete. Gleich gegenüber betritt man über die im Boden eingelassenen Namen der »César«-Gewinner das »Fouquet's«, Wohnzimmer für Stars und Sternchen.
Auf der anderen Straßenseite liegen die Sterne eng beieinander: Der Mercedes-Showroom in Haus Nummer 118 und daneben das größte Revuetheater der Stadt, das Lido, das jeden Abend zwei Shows im 1150 Plätze großen Etablissement aufführt. Den Charme vergangener Zeiten erspürt man in den Arkaden des Lido, der ältesten und mit ihren Marmorsäulen und Bronzewandleuchtern schönsten Einkaufspassage auf den Champs-Élysées.

Lohnende Abstecher in die Seitenstraßen

Die Prachtstraße ist Ihnen nicht böse, wenn Sie rechts und links ausscheren, Schlenker in andere Straßen machen und an anderer Stelle wieder zurückkehren – es lohnt sich!
Die Avenue George V führt an Designerläden von Givenchy, Kenzo, Balenciaga und Sonia Rykiel vorbei zum Luxushotel George V. Die Avenue Montaigne lockt mit Prada, Valentino, Max Mara und, und … und dem Théâtre des Champs-Élysées, in dem die Weltkarriere einer Josephine Baker mit einem Bananen-Baströckchen begann, und in dem Jahre zuvor Igor Strawinsky wegen seiner Musik zum Ballett »Le Sacre du Printemps« ausgebuht worden war.
Wenn Sie die Champs-Élysées wieder queren und weiter der Avenue Montaigne folgen, stoßen Sie auf die Rue du

Faubourg Saint-Honoré – feinste Adresse für die großen Couturiers wie Chanel (Nummer 21), Hermès, Vivier oder den Dessousladen Chantal Thomass in der Nummer 211. Der altehrwürdige Hotelpalast Bristol begrüßt seine Gäste in Haus Nummer 112, auch der Ministerpräsident speist gerne hier – sein Amtssitz, das Palais de l'Élysée, liegt nicht weit entfernt.

Hier regiert der Präsident

»Château« nennen die Pariser die stattliche Residenz, die 2011 gründlich renoviert wurde. Das Schloss mit seinen 365 Zimmern ist voller Historie. 1718 bis 1722 für den Grafen von Evreux erbaut, kam es bald in den Besitz der Madame de Pompadour, der offiziellen Mätresse von Ludwig XV. Nach ihrem Tod wurde es königliches Gästehaus. Napoleons Frau Joséphine und seine Schwester Caroline residierten hier. 1815 musste der Kaiser nach der Schlacht bei Waterloo seine Abdankungsurkunde unterzeichnen. Seit 1873 dient der Élyséepalast als Amtssitz des Präsidenten.

Wo einst die Köpfe rollten

Die Parkanlagen laden noch ein wenig zum Verweilen ein, ehe man auf die verkehrsumtoste, riesige Place de la Concorde stößt. Wie umrundet man den Platz am besten? Wie kommt man vom Hotelklassiker Crillon näher an den Obelisken, zum Parkeingang der Tuilerien oder gar zum Port de la Concorde? Autohupen, das Brummen der Busse, das Knattern der Mopeds – ein ungeheurer Lärmpegel liegt über diesem geschichtsträchtigen Platz.

Während der Französischen Revolution war hier die Guillotine im Dauereinsatz, rollten die Köpfe des verhassten Königs Ludwig XVI., von Marie-Antoinette, später von Danton und Robespierre selbst. Die Place de la Concorde ist der größte Platz von Paris, zwölf Fußballfelder würden in ihn hineinpassen. Der Obelisk in seiner Mitte ist 23 Meter hoch, 220 Tonnen schwer und 3000 Jahre alt. Die Stadt Paris erhielt ihn als Anerkennung dafür, dass der französische Ägyptologe Jean-François Champollion die Hieroglyphen entziffert hatte.

ZWEI STERNE LEUCHTEN IM »LE CINQ«

Bei einem Glas Champagner fällt die Auswahl des Angebots von Sternekoch Eric Briffard ein wenig leichter: Duck foie gras als Vorspeise, ein Fisch für den Hauptgang und ein verführerisch leckeres Guanaja-Schokoladensoufflé zum Dessert. Briffard und seine Küchencrew rühmen sich, frischeste Zutaten zu verwenden – aus der Region. 1928 wurde nahe der Champs-Élysées das Palasthotel George V eröffnet. Joel Hillman baute das achtstöckige Haus in der gleichnamigen Avenue. Seit 2008 wird es von den Four Seasons Hotels gemanagt.

Nicht nur unter betuchten Parisern hat das mit zwei Michelin-Sternen ausgezeichnete »Le Cinq« einen ausgezeichneten Ruf. Dass Briffard im japanischen Palazzo Royal Park Hotel gearbeitet hat, lässt er in seinen Kreationen durchblitzen. 50 000 Flaschen lagern in den Kellern des Hotels, die Sommelier Thierry Hamon im Kopf hat, seine Vorschläge runden das Menü hervorragend ab.

WEITERE INFORMATIONEN

Hotel George V

31, avenue George V, Restaurant Le Cinq,

Tel. 01-49 52 70 00.

www.fourseasons.com

Paris einmal anders – als aufgeklapptes Panoramabild mit den Prachtbauten und den Avenues im Vordergrund. Es grüßen die Tour Montparnasse und die Hochhäuser von La Défense.

Er soll »ein Fenster zur Welt« sein, das moderne Pendant zum Arc de Triomphe ist die 110 Meter hohe Grande Arche (unten rechts) im Bürohochhausviertel La Défense, das mit modernen Skulpturen (oben) und Wandgemälden (rechts oben) nicht geizt. Schwerelos erscheint die Konstruktion im Eingangsbereich zur Grande Arche (unten).

37 Grande Arche – Fenster zur Welt

La Défense und der Triumphbogen der Moderne

Die Polyesterfigur mit dem ozeanblauen Jackett hält ein Fernglas vor die Augen. Es geht ja schließlich ziemlich weit hinauf in den »Himmel« der Grande Arche, des großen Bogens. Das spektakuläre Gebäude aus Glas und Marmor gibt den Blick frei auf das Wolkenkratzer- und Bürohausviertel La Défense im Nordwesten von Paris – und bildet den grandiosen Schlusspunkt auf der Achse Louvre – Triumphbogen.

Sie stehen sich grüßend gegenüber, der Triumphbogen und die Grande Arche, liegen auf einer Linie noch mit dem Arc du Carrousel, dem Louvre, ja sogar bis hin zur Bastille. Die historische Achse führt ab dem Louvre über die Champs-Élysées, die Avenue de la Grande Armée und die Avenue Charles de Gaulle. Der Taxifahrer nimmt den Kreisverkehr an der Porte Maillot mit ungebremstem Elan, das weiße Kongresszentrum, einem U-Boot nicht unähnlich, fliegt vorbei. Das Ziel, kurz vorher beim Einsteigen bekannt gegeben, rückt nicht gerade im Schritttempo näher, obwohl die drei Spuren der »Königsachse« gut frequentiert sind. »La Défense« ist unser Zielort, ein Blick auf Kamera und Stadtplan genügen dem Taxifahrer, um nicht lange nachzufragen. Er steuert die Grande Arche an, den großen Bogen, das Fenster zur Wolkenkratzersiedlung La Défense, mehr noch: das Fenster zur Welt. Vom Louvre aus sind es acht Kilometer nach La Défense. Den Namen erhielt das Büro-Hochhausviertel, das in den 1950er-Jahren entstanden ist, nach einer Statue zur Erinnerung an die Verteidigung von Paris 1871, die 1883 aufgestellt und mittlerweile beim Bassin Agam steht. Nach dieser Statue ist auch der 190 Meter hohe Doppelturm Cour Défense benannt, der ebenso zu der futuristisch anmutenden Trabantenstadt gehört, in der rund 40 000 Menschen arbeiten. Zu den architektonischen Glanzleistungen gehört auch das 90 000 Quadratmeter große Gewölbe vom Centre des Nouvelles Industries et Techniques, das auf nur drei Punkten ruht.

Wie ein riesengroßes Fenster

Obwohl die Wolkenkratzer die Grande Arche überragen, steht dieser gewaltige Bogen im absoluten Mittelpunkt, wenn man darauf zufährt – wie ein riesengroßes Fenster steht er in Form eines offenen Kubus auf einem großzügig angelegten Platz, der jährlich von Hunderttausenden von Touristen besucht wird. Man glaubt dem Taxifahrer aufs Wort, wenn er stolz erklärt, dass unter dem

hohlen Würfel der Grande Arche die Kirche Notre-Dame Platz finden könnte. Zur 200-Jahrfeier der Französischen Revolution im Jahr 1989 wurde das Gebäude eingeweiht.
Für die Datensammler unter Ihnen: Der Bau besteht aus grauem Granit, Glas und Marmor und wiegt über 300 000 Tonnen. Er ist 110 Meter hoch und 106 Meter breit, vier Panorama-Aufzüge transportieren die Besucher in die 35. Etage. Der Kubus ist wie der Louvre gegenüber der Königsachse um sechs Grad versetzt, und seine Grundfläche entspricht fast genau der Cour Carrée des Louvre. Auf dem Dach der Grande Arche werden sechs verschiedene Führungen angeboten. Es gibt außerdem eine Ausstellung über die Baugeschichte und ein Computermuseum. Das Ministerium für Städte- und Wohnungsbau und die Internationale Gesellschaft zur Wahrung der Menschenrechte haben hier ihren Sitz.

Auch ein Blick auf die Zukunft

Warum »Fenster zur Welt«? Diesen Namen prägte der dänische Architekt Johan Otto von Spreckelsen, der dem neuen Pariser Wahrzeichen die Aufgabe übertrug, »ein Fenster zur Welt zu sein, wie ein provisorischer Orgelpunkt mit Blick auf die Zukunft«. Ein moderner Triumphbogen zum Ruhm der Menschlichkeit. Ein Symbol der Hoffnung.
Die Zukunft hatte auch Jules Verne im Visier. Dass die Verbindung zwischen Historie und Zukunft in Paris harmonisch ist, sieht man an dem Karussell, das sich vor der Grande Arche dreht. Es ist bestückt mit nostalgisch-futuristischen Vehikeln, mit denen Jules Vernes Romanfiguren um die Welt eilten.
Die Welt zu Füßen liegt dem Besucher, wenn er auf die Plattform des Großen Bogens tritt. Von hier hat man einen Rundumblick auf Eiffelturm, Louvre und mehr – und natürlich auf das Viertel La Défense, das Pariser Manhattan.

WO RIN TIN TIN BEGRABEN LIEGT

»Oscar« steht in Schreibschrift auf der Marmortafel und: »1998–2010«. Daneben frische rote Rosen in der Vase, aufgeschichtete weiße Steine, eine Hundefigur und ein Foto von einem Bullterrier. Seine letzte Ruhestätte befindet sich in Asnières, dem ältesten Tierfriedhof der Welt – das versichert den Besuchern jeder der Wärter, die hier aufpassen, dass die ewige Ruhe der Tiere nicht gestört wird. In über 110 Jahren wurden an die 100 000 Hunde und Katzen, Papageien, Pferde, Meerschweinchen, Schafe, sogar ein Löwe in den über 27 000 Gräbern beerdigt. Er ähnelt den großen Pariser Friedhöfen, auf denen man auf sehr romantische Art bestattet ist.
Rin Tin Tin ruht auch hier in der Nekropole der Knuddeltiere. Der berühmte Schäferhund liegt in einem schlichten Grab, auf dem steht »Der große Star des Kinos«. Er war in Hollywood Hauptdarsteller zahlreicher Kinofilme und wurde nach seinem Tod nach Frankreich zurückgebracht und in Asnières beerdigt.

WEITERE INFORMATIONEN

Cimetière pour chiens et d'autres animaux domestiques
4, pont de Clichy, Asnières.
Metro: Asnières

Vom Arc de Triomphe hat man einen weiten Blick über die Stadt, auch hinauf zum Montmartre (oben), von dessen Anhöhe weithin sichtbar Sacré-Cœur grüßt (rechts). Themen der Musikgeschichte beherrschen die Deckengemälde in der Opéra Garnier (Mitte), über die man in Antiquariaten der Passage Jouffroy (unten) nachlesen kann.

Der Norden

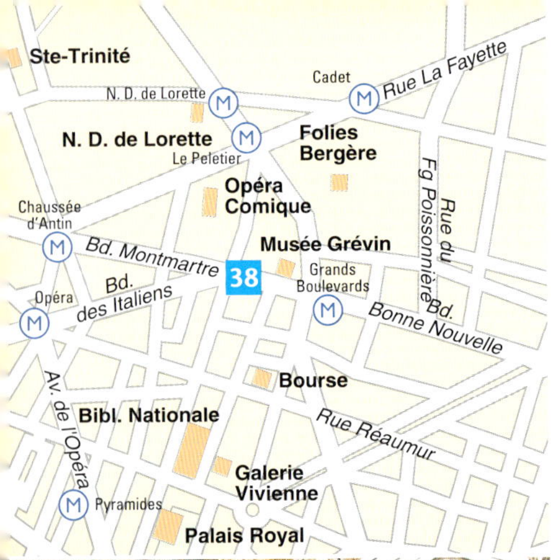

38 Boulevard Montmartre – Bummel durch Passagen

Wiederentdeckt: die *passages couverts*

Sie waren wie Städte in der Stadt, die überdachten Passagen mit Restaurants, Cafés und Läden. Paris war voll davon, hier wurde die wetterunabhängige Form des Bummelns und Flanierens erfunden. Nach einer langen Zeit, in denen die *passages couverts* außer Mode waren, entdeckt die Stadt seit einigen Jahren diese Juwele wieder. Ein Spaziergang zwischen Boulevard Montmartre und Rue Saint-Marc.

Geschützt vor Wind und Wetter sitzt man in der Galerie Vivienne (oben), deren kunstvolle Treppe in die oberen Geschosse führt (unten). Ein imposantes Glasdach überspannt die Passage Jouffrey (unten rechts), eine von vielen *passages couverts* des 19. Jahrhunderts. Der Supermarkt »Little India« befindet sich in der Passage Brady (rechts oben).

Bereits um 1800 flanierten die Pariser in überdachten Passagen, konnten die Damen ihre Sonnenschirme zusammengeklappt lassen, wurden sie nicht nass, wenn ein unerwarteter Regenguss die Freude des Bummels zu trüben drohte. Etwa 150 gab es zu jener Zeit des ausgehenden 18. Jahrhunderts, übrig geblieben sind rund 20. Diese *passages couverts*, die gedeckten Passagen, waren im Paris des 19. Jahrhunderts der letzte Schrei. Sie verbanden zwei Straßen miteinander, waren Fußgängerzonen, mit Läden, Cafés und Restaurants gesäumt und – mehrstöckig. Darüber spannte sich ein Glasdach, das die Passagen im Sommer kühl und im Winter warm hielt und Schutz bot vor jeglichem Wetter. Wie die sprichwörtlichen Pilze aus dem Boden schossen, Pardon, wuchsen zwischen der Französischen Revolution und dem Zweiten Kaiserreich diese Passagen, die verziert wurden mit Spiegeln, Marmorböden, verglasten Kuppeln und Stuck. Kein Wunder, dass in ganz Europa diese Frühform der heutigen Shoppingmalls nachgebaut wurde, so in Mailand etwa die bekannte Galleria Vittoria Emanuele II oder in London die Burlington Arcade.

Flanieren unterm Glasdach

Die Boulevards des Baron Haussmann und Warenhäuser wie »Au Bon Marché« verdrängten die luxuriösen Treffpunkte für Aristokraten, junge Damen, normale Bürger und Filous und ließen sie zu ungeliebten Durchgängen verkommen. Teils wurden sie geschlossen, abgerissen oder als Garagen zweckentfremdet. Seit den 1980er-Jahren findet ihre Renaissance statt, eine Handvoll wurde renoviert und erhielt den einstigen Glanz zurück. Drei dieser neuen alten Shoppingmalls liegen am Boulevard Montmartre: die Passage des Panoramas (seit 1799), die Passage Jouffroy (die erste beheizte in Paris) und die Passage Verdeau. In allen findet der

Flaneur eine bunte Mischung kleiner Läden, die von Designerschmuck bis hin zu antiquarischen Büchern und Künstlerbedarf alles verkaufen. Im Restaurant Victoria Station in der Passage des Panoramas dinieren die Gäste in einem Eisenbahnwaggon von 1900, der zu dem Luxuszug Paris–Nizza gehörte.
Ein Geschäft mit dem Namen Galerie 34 hält in der Passage Jouffroy ausgefallene Spazierstöcke bereit. Auch wenn diese aus der Mode gekommen sind und mit Alter und schlechtem Gehen verbunden werden, es lohnt, sich hier umzusehen und ausgefallene Handgriffe und Spazierstöcke mit reichem Innenleben zu entdecken. Von dieser Passage aus erreicht man auch gleich das Wachsfigurenkabinett des Musée Grévin.

Vivienne und Colbert – neue Eleganz in alter Pracht

Galerie – das klingt doch gleich viel besser als Passage, und deshalb wurde dieses Wort in den Zwanzigerjahren des 19. Jahrhunderts ersetzt. Auch diese Galerien wurden inzwischen aufwendig renoviert. Die elegante Galerie Vivienne (4, rue des Petits-Champs) ist eine von mehreren Passagen um das Palais Royal herum. Sie und ihr »Zwilling«, die Galerie Colbert (Hausnummer 6), sind wahre architektonische Wunder und prunken mit Kuppeln, einzigartigen Mosaikböden und Stuck. Der berühmte Teesalon A Priori Thé lädt zu einer feinen Pause ein. Die Brasserie Le Grand Colbert schenkt seit 1830 Bier vom Fass aus.
Verhältnismäßig schmucklos dagegen ist die Passage du Caire, die Kairo-Passage an der Place du Caire, die 1798 eröffnet wurde. Sie darf sich aber das Prädikat »älteste« noch bestehende Passage anheften. Ihr Eingang unterscheidet sich auch etwas von den anderen, prunkvollen Toren: Ein Fries nach ägyptischem Vorbild ziert die Fassade, und drei Büsten der ägyptischen Göttin Hathor sind zu sehen. Damit wurde an Napoleons Ägyptenfeldzug erinnert und an den Einmarsch der französischen Armee in Kairo Ende des 18. Jahrhunderts.

GEFLOCHTENE HAARE UND INDISCHES CURRY

Ein Eldorado für Frisurenfans ist die **Prado-Passage** (16, blvd. St. Denis). Hier haben die Haarkünstler ihre Bleibe, wobei das Augenmerk weniger auf »waschen, schneiden, föhnen« liegt, sondern das Flechten von Zöpfen zelebriert wird. Die Spezialität: afrikanische Frisuren.
Von Paris in Sekundenschnelle nach Pakistan und Indien: Ein Besuch der **Brady-Passage** zwischen Rue du Faubourg Saint-Denis und Boulevard Sébastopol macht dies möglich. In den Restaurants brodeln Currys und Tandooris, Zeitungen aus Delhi und Karatschi liegen aus. 1828 wurde diese Passage erbaut, in der gut gelaunte Kellner flitzen und man sich den Weg zwischen Tischen, Stühlen und Reklame-Stellwänden bahnt.

WEITERE INFORMATIONEN

Passage Jouffroy
10, boulevard Montmartre.
Metro: Richelieu-Drouot
Galerie Vivienne
4, rue des Petits-Champs.
Metro: Bourse
Passage Brady
46, rue du Faubourg Saint-Denis.
Metro: Château-d'Eau

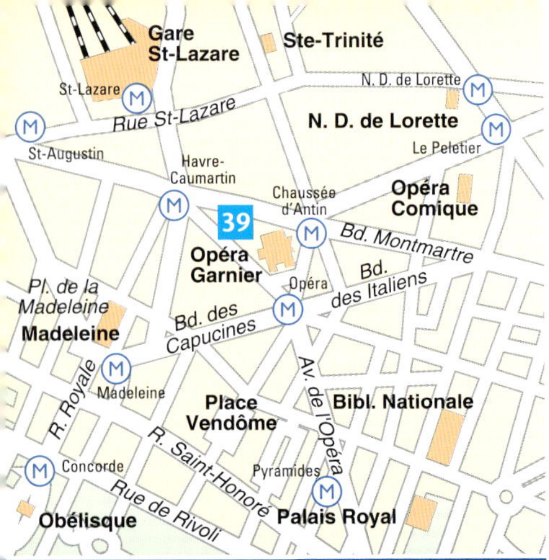

Der bis dahin unbekannte Architekt Charles Garnier setzte sich mit dem Bau der Pariser Oper (oben) ein Denkmal, in dessen Inneren an der Ausstattung nicht gespart wurde (unten rechts) und unter dessen Kuppel das Ballett seine Tanzproben abhält (unten). In einer »Ente« die Stadt erkunden – das ist mit dem nostalgischen 2CV möglich (rechts oben).

39 Die Opéra Garnier – grandiose Pracht

Doch wo steckt nur das Phantom?

Es begann mit dem Wasser. Als 1861 Arbeiter versuchen, das Fundament für ein Opernhaus zu legen, sind sie verblüfft. Das Theater war von Kaiser Napoleon III. in Auftrag gegeben worden als Teil seiner umfassenden baulichen Veränderung von Paris.

Ein scheinbar endloser Wasserstrom sprudelt aus dem sumpfigen Boden, 12 000 Quadratmeter Boden waren freigelegt worden. Und niemand kann den Fluss eindämmen …

Endlich! 13 Jahre später, 1874, ist das neo-barocke Meisterwerk fertig, mit all seinem schier überbordenden Dekor.

Am 5. Januar 1875 wird das Opernhaus in festlichem Rahmen eingeweiht. Doch das Gemunkel über einen riesigen, fischreichen See unter dem Gebäude will nicht verstummen. Ein Pariser, der mit diesem Gerücht aufgewachsen ist, ist der Schriftsteller Gaston Leroux. Er verfasst 1909/10 seinen Roman »Das Phantom der Oper« – und webt damit weiter am Mythos um das Opernhaus. Tatsächlich sind die historischen und fiktiven Ereignisse darin sehr vermischt, und sowohl im Prolog als auch auf seinem Totenbett kann Leroux immer behaupten, dass das Phantom der Oper tatsächlich existiere – das Gerücht hält sich bis heute, nicht zuletzt auch durch das gleichnamige Musical aus der Feder von Andrew Lloyd Webber.

Und noch etwas inspirierte Gaston Leroux zu seinem Operngeist: Am 20. Mai 1896 stürzte nämlich ohne nachvollziehbaren Grund das Gegengewicht eines tonnenschweren Kronleuchters in die Tiefe und erschlug einen Arbeiter. In Leroux' Roman bietet dieser Unfall den Anlass für das Phantom Erik, das Mädchen Christine zu entführen.

Spiegel und Fenster vervielfältigen das Entree

Wer das imposante Gebäude betritt, mag vielleicht an das Phantom denken. Doch die Größe und Weitläufigkeit dieses Theaterhauses lenkt ab. Die große Freitreppe ist das wohl berühmteste und bekannteste Markenzeichen. Gebaut in vielfarbigem Marmor, führt sie zu den Foyers und den verschiedenen Rängen des Zuschauerraums. Zwei große Bronzefiguren halten Bouquets aus Lichtern. Die Spiegel und Fenster tun ihr Übriges, um die gewaltige Dimension dieses Foyers zu akzentuieren. Der Maler Paul Baudry wählte für die Deckengemälde im Stil Michelangelos Themen aus der

Musikgeschichte mit der Leier als dominantem Element.
Baron Haussmann, im Auftrag von Napoleon III. damit beschäftigt, Paris ein neues, modernes Gesicht zu verleihen, hatte wohl selbst mit dem Bau einer Oper geliebäugelt. Doch den ausgeschriebenen Wettbewerb gewann der erst 35-jährige noch unbekannte Architekt Charles Garnier, der sich mit einem einzigen Bauwerk ein Denkmal setzte.

Das Bassin unter der Oper

Der Bau der Opéra Garnier verlief nicht ohne Komplikationen. Der hohe Grundwasserspiegel erschwerte die Befestigung der Fundamente – und ebenjener sagenumwobene See, aus dem das Wasser sprudelte. Der Kurator des Opernmuseums und der Bibliothek, Pierre Vidal, ist besser vertraut als die meisten mit dem Mythos von der wässrigen Höhle des Phantoms, doch was er zu sagen hat, hört sich wenig spannend an. Er erzählt, dass dieser See eigentlich ein riesiges Wassersammelbecken aus Stein ist, das das Bauteam nach zahlreichen gescheiterten Versuchen anlegte, um die Baustelle trocken zu bekommen. Den bis auf einen schmalen Rost abgedeckten Tank benützt die Pariser Feuerwehr, um das Schwimmen im Dunkeln zu üben. Zwar räumt Vidal ein, dass die Keller groß genug seien, einem Phantom ein geräumiges Zuhause zu verschaffen, doch er weist darauf hin, dass sie die umfangreiche Technik des Opernhauses beherbergen.
Und das Phantom? Die genialste Vermischung aus Fakt und Fiktion gelingt Leroux in seinem Prolog, in dem er das Vergraben von Tonbändern in den Kellern erwähnt, wobei man auf eine Leiche stieß – und sie als die von Erik identifizierte. Ob's die Leiche wirklich gab, wer weiß? Fest steht, dass 1907 die Grammophone-Gesellschaft 24 Schellackplatten in zwei Behältern in die Keller schaffte, um für die Nachwelt die künstlerische Qualität dieser Zeit zu konservieren. 2007 wurden diese Behälter auftragsgemäß wieder geöffnet und die Aufnahmen digitalisiert. Sie sind erhältlich als Kollektion Les Urnes de l'Opéra.

MIT DER ENTE DURCH DIE STADT

Martin schaltet in aller Ruhe und erzählt von den Sehenswürdigkeiten der Stadt, während er sich in den Verkehr einreiht. Der junge Student des europäischen Wirtschaftsrechts chauffiert seine Gäste drei- bis viermal die Woche mit einem blauen 2 CV, einer »Ente«, durch die Stadt. Für die Mitfahrer ein schaukeliges, aber einzigartiges Erlebnis. »4 roues sous 1 parapluie«, vier Räder unter einem Regenschirm, nennt sich dieses von Studenten gegründete Unternehmen, das Stadtrundfahrten mit dem legendären 2 CV anbietet. Auf dem Programm stehen Touren wie »Historisches Paris« oder »Verschwiegenes Paris«, bei dem man auch einen Zwischenstopp am Haus von Serge Gainsbourg einlegt. Treffpunkt ist an der Opéra Garnier, die – wie Martin erzählt – zwei Bienenstöcke im Dachstuhl beherbergt.

WEITERE INFORMATIONEN

4 roues sous 1 parapluie
Tel. (mobil) +33-6 67 32 26 68.
www.4roues-sous-1parapluie.com
Opéra Garnier
Place de l'Opéra, Tel. 08 92 89 90 90.
Metro: Opéra
www.operadeparis.fr

Durch mächtige Eingangsportale (oben) betreten die Besucher den genauestens geplanten und begrünten Parc Monceau mit seinem Naumachia-Becken aus der Zeit um 1778 (unten rechts) sowie verwunschenen Statuen und Skulpturen im weitläufigen Gartengelände (rechts oben) mit seinen über100-jährigen Bäumen.

40 Parc Monceau – geplante Schönheit

Zwischen Palmen und künstlichen Ruinen

Nichts ist dem Zufall überlassen, jeder Strauch und jeder Baum, jede Erhebung steht genau da, wo die Gartenplaner unter Napoleon III. die Natur durch ihre gestalterischen Eingriffe vervollkommneten. Ein schönes Beispiel dafür ist der Parc Monceau im vornehmen 8. Arrondissement. Hundertjährige Bäume ragen bis 35 Meter in den Himmel, das Naumachia-Becken stammt noch aus der Zeit um 1778.

Am Boulevard de Courcelles ließ 1778 Herzog Philipp von Orléans den Parc Monceau anlegen, den herrschaftliche Häuser umgeben und in dem sich die vornehme Welt des 18. Jahrhunderts traf. Die Gestaltung übernahm der Landschaftsgärtner Louis Carmontelle, der sich auch als Künstler und Philosoph verstand. So entstand ein Park, dem Palmen und künstliche Ruinen einen besonderen Reiz verleihen. Die Parkbauten wurden im deutschen und englischen Stil gehalten. Noch heute ziert eine Säulenkolonnade das große Naumachia-Becken, das die Nachbildung eines Bassins darstellt, wie es die Römer zur Inszenierung von Seegefechten nutzten.

Bis 1852 war der Park Eigentum der Herzöge von Chartres. Danach – als öffentliche Grünanlage – durften ihn alle Pariser durch eines der vier mächtigen eisernen Eingangsportale betreten. Weite Rasenflächen und bunte Blumenbeete werden durchzogen von geschwungenen Wegen, die auch zu einer ägyptischen Pyramide führen oder zu einer holländischen Windmühle. *Tout Paris* trifft sich hier am Wochenende zum Picknicken und zum Flanieren – vorbei an Marmorstatuen, die Frédéric Chopin, Charles Gounod oder Guy de Maupassant darstellen.

Der Ballonflug von 1797

Für einen großen Auflauf im Park sorgte am 22. Oktober 1797 der Luftfahrtpionier André-Jacques Garnerin, der als erster Mann der neuen Zeit mit einem Fallschirm für Aufsehen sorgte. 400 Meter hoch war sein Ballonkorb geflogen, als Garnerin mit seinem Fallschirm inmitten einer staunenden und bewundernden Menschenmenge landete. Die Technik des Fallschirms war noch nicht ausgereift, er hatte etwa keine Öffnung am Scheitel des Schirms, was zu starken Pendelbewegungen führte.

Mehr Ruhe findet man hier unter der Woche, und dann kommen einem auch die Worte Kurt Tucholskys wieder in den Sinn: »Hier ist es hübsch, hier kann ich ruhig träumen ...«, schwärmte er vom Parc Monceau (im Mai 1924 in der »Weltbühne«). Und tatsächlich, es macht einfach Spaß zu schlendern, im Gras zu liegen und in die Sonne zu blinzeln, auf einer Parkbank zu sitzen. Nur am späteren Nachmittag kommt Bewegung in den Park, wenn die Nannies mit ihren Zöglingen zum Spielen (die Kleinen) oder auf einen ausgedehnten Schwatz (die Großen) die Parkanlage erobern und gestikulierend die Kinderwagen über die Wege schieben. Dennoch: Der Ort ist ein Ruhepol erster Güte. Davon war auch Claude Monet überzeugt, der 1876 insgesamt fünf Gemälde von diesem Park malte.

Zwei Museen laden zum Besuch

Genug des Müßiggangs? Dann schauen Sie doch ins Musée Nissim de Camondo in der Rue de Monceau, gleich beim Park. Dieses Museum zeigt eine außergewöhnlich schöne Sammlung von Möbeln, Kunstwerken und Wandteppichen aus dem 18. Jahrhundert. Die hatte einst der Bankier und Kunstsammler Graf Moïse de Camondo (1860–1935) zusammengetragen und sich dafür eine prunkvolle Residenz bauen lassen. Als Vorbild diente ihm das Petit Trianon in Versailles. Nach seinem Tod vermachte er seinen Besitz dem französischen Staat unter der Bedingung, daraus ein Museum zu machen. Ebenfalls ganz in der Nähe: Das Musée Cernuschi mit einer Sammlung fernöstlicher Kunst, das 1898 eröffnet wurde. Es befindet sich in einem charmanten, alten Gebäude und zählt zu den bedeutendsten Museen für ostasiatische Kunst im europäischen Raum. 900 Werke dokumentieren die großen Epochen chinesischer Kultur von den Ursprüngen bis zum 14. Jahrhundert. Im Mittelpunkt der Sammlung steht ein 4,40 Meter großer japanischer Buddha, den Henri Cernuschi (1821–1896) 1871 in Tokio erwarb. Für diese Buddhastatue wurde das Museum einst errichtet.

SPONSOR ZAR ALEXANDER II.

Das Wahrzeichen der russischen Gemeinde in Paris ist die russisch-orthodoxe Kathedrale Saint-Alexandre-Nevsky, zwischen Parc Monceau und Triumphbogen. Die Kirche mit den fünf Kuppeln aus Kupfergold wurde 1861 vollendet, gesponsert von Zar Alexander II. Mosaiken und Fresken sind neobyzantinisch. Hier hat Pablo Picasso 1921 seine erste Frau, die Russin Olga Khoklova, geheiratet. Vielleicht haben sie gegenüber im Restaurant La Ville de Petrograde gefeiert – wie schon zuvor Igor Strawinsky oder Vladimir Nabokov – und einen der sieben Arten von Wodka probiert, die hier zu den »Menus Russes« offeriert werden.

WEITERE INFORMATIONEN

Saint-Alexandre-Nevsky
Di, Fr, So 15–17 Uhr.
Metro: Courcelles

Parc Monceau
Tägl. 7–20 Uhr, im Sommer bis 22 Uhr.

Musée Cernuschi
7, avenue Vélasquez, Tel. 01-53 96 21 50.
Di–So 10–18 Uhr.
www.cernuschi.fr

Musée Nissim de Camondo
63, rue de Monceau, Tel. 01-53 89 06 50.
Mi–So 10–17.30 Uhr.
Metro: Monceau

Die berühmteste Windmühle steht am Montmartre – das legendäre Moulin Rouge (oben), in der seit 1889 leicht bekleidete Damen tanzen und von wo aus der Cancan seine Reise um die Welt begann. Toulouse-Lautrec verewigte »sein« Viertel in vielen Bildern (unten). Montmartre hat sich bis heute seinen dörflichen Charme bewahrt (rechts).

41 Moulin Rouge und Montmartre

Die etwas andere Windmühle und ihre Geschichte

Toulouse-Lautrec hat sie mit seinen Zeichnungen unsterblich gemacht: die rote Windmühle mitten auf dem Montmartre, mitten im Sündenpfuhl am Boulevard de Clichy. Hier reihen sich Kabaretts und Bars an Revuetheater und Sexshops. Das Rotlichtviertel ist aber nur eine Seite vom Montmartre – die »Butte« hat sich ihren dörflichen Charakter abseits der Metrostation Blanche bewahrt.

Neben der Basilika Sacré-Cœur ist die Windmühle des legendären Revuetheaters Moulin Rouge das Wahrzeichen des Künstlerviertels Montmartre. Der Name erinnert an Henri de Toulouse-Lautrec, an Salvador Dalí und die Porträtmaler, an Cancan und Varieté. So gehört der Besuch des berühmt-berüchtigten Viertels im 18. Arrondissement zu einer Reise nach Paris einfach dazu. Einst wurde auf der 129 Meter hohen »Butte« Montmartre Wein angebaut, und in dem gleichnamigen Dorf standen bis in das 19. Jahrhundert hinein etwa 30 Windmühlen. Zwei sind heute noch zu sehen: An der Ecke Rue Lepic und Rue Girandon steht die alte Windmühle Moulin Radet aus Holz, weiter oben lugt aus einem kleinen Wäldchen die Moulin de la Galette hervor. Diese war übrigens die erste Mühle, die zu einem Tanzlokal umfunktioniert wurde, noch vor der Moulin Rouge. Pierre-Auguste Renoir hat sie 1867 verewigt, das Gemälde »Le Moulin de la Galette« ist im Musée d'Orsay zu sehen.

Von früh bis spät drängeln sich die Touristen über die Place du Tertre nahe der Basilika. Der Platz mit seinen bunten, niedrigen Häuschen aus dem 18. Jahrhundert, den Souvenirläden, Cafés und Bistros ist immer gut besucht. Dazwischen stehen die vielen Porträtisten – es ist gar nicht so einfach, bei ihren Angeboten eines schnellen Porträts hart zu bleiben. Sie verkörpern nach wie vor den Charakter des Künstlerdorfes, das Montmartre lange Zeit war. Hier lebten Vincent van Gogh bei seinem Bruder Théo und Pablo Picasso im Bâteau Lavoir. Auguste Renoir arbeitete 1895 in einem der Pavillons und malte Maurice Utrillo in der Rue de l'Abreuvoir »La Maison Rose«. Das Musée de Montmartre zeigt die Werke von Künstlern, die einst hier zu Hause waren. Dieses Haus in der Rue Cortot Nummer 12 ist das älteste am Montmartre. Ein Komödiant aus Molières Theatergruppe kaufte es 1680. Seitdem gaben sich Maler, Schriftsteller und Schausteller die Klinke in die Hand, fanden hier für kurz oder

Die Sängerin Dalida wohnte am Montmartre, ihr Grabmal befindet sich am Friedhof (oben). Alle Wege führen zur Place du Tertre (unten rechts), auf der und in den Gassen daneben mit schnellem Strich ein Porträt entsteht (unten), Künstler (Mitte) tagaus, tagein ihre Werke verkaufen. Erotik und Kunst im Musée de l'Erotisme (rechts oben).

lang eine Bleibe. Renoir lebte 1875 eine Zeit lang im Dachgeschoß – noch heute hat man von dem oberen Stockwerk des Museums einen fantastischen Blick auf den einzigen noch erhaltenen Weinberg, der sich hinter dem Haus ausbreitet. Das Anlehnen an den Zinktresen, der früher zum Interieur von Montmartre-Kneipen gehörte, ist verboten. Er ist aber ebenso zu bewundern wie das rekonstruierte Arbeitszimmer des Musikers Gustave Charpentier. Bilder und Zeichnungen geben einen liebevollen Einblick in das Leben auf der *butte* in vergangener Zeit.

Die zwei Friedhöfe am Montmartre

Das Dörfchen auf dem Montmartre hat Maurice Utrillo detailgetreu in seinen Zeichnungen festgehalten, die kleinen Häuser, die Treppen und die krummen Kopfsteingassen. So liegt der Künstler auch begraben, umgeben von seinen Motiven, mit denen er die Atmosphäre von »la Butte« einfing. Sein Grab finden Sie nicht auf dem Cimetière de Montmartre, dem Friedhof mit lichten Baumreihen, wo im Sommer die Sonne heiß auf die Grabplatten scheint. Heinrich Heine, Emile Zola, Jacques Offenbach, Vaslav Nijinsky und François Truffaut fanden hier ihre letzte Ruhestätte. Utrillo aber wurde auf dem kleinen, kaum beachteten Friedhof Saint-Vincent begraben, auf dem sich die Familiengräber der alteingesessenen Montmartre-Bewohner befinden.

Tag und Nacht reißt der Touristenstrom auf dem Montmartre nicht ab. Steht tagsüber mehr die Kathedrale Sacré-Cœur im Mittelpunkt des Interesses, ist es mit einbrechender Dunkelheit der Boulevard de Clichy mit seinem Rotlichtviertel um die Place Pigalle, der die Besucher anzieht. Sie erwartet ein breites Erotikangebot, Kabaretts, Revuetheater und Bars. Dazu zählt das legendäre Moulin Rouge ebenso wie das Varieté-Theater Folies Bergères, wo hübsche Mädchen und gut gebaute Männer dem Publikum ein wenig einheizen. Es gibt angesagte Musiktempel, wie etwa die Folies Pigalle in einem ehemaligen Striptempel. Oder das authentische Kabarett Au Lapin Agile: In der Rue des Saules Nummer 4 liegt dieses kleine, rote Haus mit grünen Fensterläden. Bereits Picasso, Utrillo, Braque und Modigliani zählten zu den Stammgästen und lauschten dort den Chansons. Heute bekommen viele junge Künstler hier ihre erste Chance, die Bretter der Kabarettwelt zu erklimmen. Schwerpunkt Klassiker heißt es dagegen im Théâtre des Bouffes du Nord.

Unsterblicher Cancan

Als sich am 6. Oktober 1889 zum ersten Mal die Türen im Moulin Rouge öffneten und junge Mädchen in einer revolutionären Show ihre Beine schwangen – und auch zeigten! –, mag wohl niemand damit gerechnet haben, das dieses Etablissement Abend für Abend die Gäste anlocken würde – aus Frankreich wie aus der ganzen Welt. 600 000 Besucher zählt man im Jahr, denen 240 000 Flaschen Champagner serviert werden. Die 800 Plätze sind zu den beiden Shows jeden Abend oft ausgebucht. Seit 1889 wird die »Quadrille réaliste« getanzt, allgemein besser bekannt als »French Cancan«. Waren die Mädchen früher Wäscherinnen und Näherinnen,

Amateure also, die Beine und gern auch etwas mehr zeigten, wurde die Show in den folgenden Jahren immer professioneller. Die derzeitige Bühnenshow »Féerie« stammt aus dem Jahr 1999. Sie zeigt einen freizügigen Querschnitt aus der Geschichte der legendären Mühle, in der die 100 Mitwirkenden aus 14 Nationen das Moulin Rouge um die Jahrhundertwende von 1900 aufleben lassen. Die leicht bekleideten Tänzerinnen und die Tänzer schlüpfen Abend für Abend in 1000 Kostüme aus Federn, Strass und Pailletten, 800 Paar Schuhe werden durchgetanzt.

Le Moulin Rouge, toujours ...

Der spätere König Edward VII. gesellte sich 1890 ebenso zu den Besuchern wie 1981 die Queen – für sie gab das Ensemble eine Privatvorstellung, das Moulin Rouge war an diesem Tag, dem 23. November, geschlossen. Sie sah bereits die »Doriss Girls«, eine Gruppe von 60 Tänzerinnen. Lange Jahre war Miss Doris die berühmte Ballettmeisterin im Moulin Rouge. Miss Doris, Doris Haug aus Karlsruhe, nahm als junges Mädchen heimlich Tanzstunden, ehe sie ihr Diplom machte und nach Paris ging. 1957 begann sie im Moulin Rouge als Tanzlehrerin und bekam als Choreografin die Chance, ihr eigenes Ensemble auf die Beine zu stellen – die »Doriss Girls«. 1891 erschien das erste Poster vom Moulin Rouge, das Toulouse-Lautrec, Dauergast im Revuetheater, gemalt hatte. Die hoch schwingenden Röcke mit den bestrumpften Beinen sind weltberühmt, ebenso wie das Theater. Künstler wie Colette, Edith Piaf, Charles Aznavour, Dalida, Liza Minelli, Dean Martin und Frank Sinatra und viele mehr drängten auf die Bühne des Moulin Rouge und stimmten mit ein in die Hymne »Le Moulin Rouge, toujours, inoubliable Moulin Rouge« – »Moulin Rouge, jeden Tag, unvergessen«.

EROTIK AUF SIEBEN ETAGEN

Wer im Musée de L'érotisme die sieben Etagen nach oben schlendert, macht einen Spaziergang durch alle Zeiten und Kulturen der Welt der Liebe, der Erotik, des Sex. Über 2000 Exponate sind zu sehen, manche sicherlich nicht unbedingt jugendfrei. Pornos aus der Stummfilmzeit flimmern über die Bildschirme, an den Wänden hängen Bordell-Zeichnungen von Edgar Degas und Kamasutra-Darstellungen. Andere Länder, andere Sitten – das Erotikmuseum hat auch auf diesem Gebiet viele Beispiele parat. Es zeigt ein Wechselspiel von Liebe, Humor, Kunst und Traditionen.
Zeitgenössische Künstler präsentieren in Wechselausstellungen ihre Werke.

WEITERE INFORMATIONEN

Musée de l'Érotisme
72, boulevard de Clichy,
Tel. 01-42 58 28 73.
Täglich 10–2 Uhr.
www.musee-erotisme.com
Moulin Rouge
Montmartre – Place Blanche,
82, boulevard de Clichy,
Tel. 01-53 09 82 82 (Reservierung von 9 bis 11 Uhr). Zwei Shows: 21 und 23 Uhr.
Metro: Blanche
www.moulin-rouge.com

Touristen wie Einheimische erklimmen die vielen Treppen hinauf zur Basilika Sacré-Cœur (unten rechts), die das Bild vom Montmartre prägt, oder nehmen den Aufzug (rechts oben), für den die Metrobillets gelten. Liebevoll als »Zuckerbäckertorte« benannt (oben), liegt die Liebe im Detail an der weißen Fassade dieser Sühnekirche (unten).

42 Touristenmagnet Sacré-Cœur

Ein kleiner Abstecher abseits der Hauptroute

Die Geigenklänge wehen herüber, dazu Gelächter und Stimmengewirr. Wird es noch einen freien Platz auf den Treppen vor der weißen Sacré -Cœur geben? Natürlich! Auch zum Sonnenuntergang an einem Spätsommertag ist noch ein Plätzchen frei auf der bekanntesten Aussichtsplattform von Paris. Die Basilika wurde als Sühnekirche geplant und 1919 dem »Herzen Jesu« geweiht.

Warum immer den traditionellen Wegen folgen? Nähern Sie sich dem Montmartre und der Basilika Sacré-Cœur doch einmal von einer anderen Seite, nämlich von hinten. Dazu steigen Sie an der Metrostation Château Rouge (Linie 4) aus, dann schlendern Sie die Rue Custine hinauf und steigen links in der Rue Becquerel die mehr als 130 Stufen hinauf. Bald können Sie die Türme von Sacré-Cœur erkennen. Noch einmal ein paar Treppen himmelwärts, dann führt die Rue de la Bonne an einem kleinen Park entlang direkt zur Rückseite der Basilika.

Aus der Wand tritt ein Mann

Auf diesem Spaziergang treffen Sie so gut wie keine Touristen, nur Einheimische hasten an Ihnen vorbei oder sitzen plaudernd mit einem *café noir* im Eckcafé in der Sonne. Bäume spenden Schatten, und die paar Autos, die an Ihnen vorbeifahren, stören die Idylle kaum. Wer noch ein wenig diese Stille am Montmartre genießen möchte, steuert die Place Marcel Aymé an. Aymés Novelle »Der Mann, der durch die Wand gehen konnte« entstand in einem Haus schräg gegenüber. An den Dichter erinnert eine bronzene Figur, die gerade aus einer gemauerten Wand tritt. Jean Marais – ja, der Schauspieler – hat diese Plastik gefertigt.

Doch nun zurück zu Sacré-Cœur – den Weg verfehlt man nicht, einfach einreihen in die Touristenströme, Vorsicht, wenn die Bimmelbahn sich ihren Weg bahnt. Und dann steht man davor, vor der Basilika, die wegen ihres Aussehens wie eine Zuckerbäckertorte liebevoll gehänselt wird. Sacré-Cœur ist dem »heiligsten Herzen Jesu« geweiht und eigentlich eine Sühnekirche. Denn Alexandre Legentil und Rouhault de Fleury gelobten den Bau der Basilika, wenn Frankreich ein Krieg gegen Preußen erspart bliebe. Der Krieg kam zwar trotzdem, Paris aber blieb zumindest vor einer Besatzung verschont. Erst 1919 wurde das neuromanisch-neobyzantinische Bauwerk geweiht, das mit seiner

großen Kuppel 83 Meter aufragt. In dem 94 Meter hohen Turm der Kathedrale schwingt eine fast 19 Tonnen schwere Glocke.

Der Hochzeitsmarsch erklingt

Die Kuppel von Sacré-Cœur ist übrigens der zweithöchste Punkt von Paris – nach dem Eiffelturm. Von ihrer innen liegenden Galerie mit den Bleiglasfenstern hat man einen Blick in die Basilika. Wer die Kirche betritt, sollte die Bronzetüren beachten, die das Abendmahl und andere biblische Szenen zeigen. Die Apsis wird beherrscht von einem großen Christusmosaik, das Luc Olivier Merson zwischen 1912 und 1922 schuf. In der Krypta wird in einer Urne das Herz von Alexandre Legentil aufbewahrt.
Zwei Japaner eilen die Treppen hinauf, unter dem Brautkleid mit vielen Rüschen schauen Chucks hervor, der Bräutigam hält den Brautstrauß in Händen, ein Fotograf steht den beiden zur Seite. Der Geiger, der ein paar Stufen weiter oben das Geschehen beobachtet, stimmt den Hochzeitsmarsch von Richard Wagner aus der Oper »Lohengrin« an, ein paar Besucher klatschen, mit einer Rotweinflasche wird ein kleines »Prosit« angedeutet.
Hier könnte man ewig sitzen und den Blick über die Stadt genießen.
Unermüdlich steigen die Besucher die Treppen hinauf und hinunter. Die meisten sind bergauf durch die Rue Tardieu zur Place Saint-Pierre spaziert und haben dabei eine kleine Verschnaufpause schon am Square Willette eingelegt, ehe sie sich entschieden haben, welche der Treppen und Promenaden sie nehmen durch die terrassierte Grünanlage hinauf zu Sacré-Cœur.
Nicht weit entfernt steht noch eine weitere Kirche, die oftmals von den Besuchern links liegen gelassen wird: die Kirche Saint-Pierre-de-Montmartre geht auf das 6. Jahrhundert zurück. Einst gehörte zu dem Komplex noch ein Benediktinerinnen-Kloster. Dessen letzte Äbtissin starb 1794 auf dem Schafott.

SCHNELLER WEG NACH OBEN

Ein Schrägaufzug mit zwei Kabinen bringt bis zu 2000 Besucher in der Stunde hinauf bzw. wieder hinunter von der »Butte«, dem Hügel, wie die Pariser das Montmartre-Viertel gern nennen. Der Funiculaire de Montmartre ist keine Standseilbahn, sondern ein Schrägaufzug mit zwei Kabinen – für den die Metrokarten gelten. Am Ende der Rue Foyatier führt er hinauf zum Montmartre, von der »Endstation« ist es nicht weit zur Kirche Sacré-Cœur. Seit 1991 ist die Standseilbahn in Betrieb, und sie benötigt für die 108 Meter lange Strecke 90 Sekunden. Bereits 1900 gab es an dieser Stelle eine Standseilbahn, die im Laufe der Zeit modernisiert wurde.
Von der Place Pigalle aus chauffiert der Montmartrebus die Besucher hinauf auf die »Butte« – und selbstverständlich auch wieder zurück.

WEITERE INFORMATIONEN

Sacré-Cœur
Täglich 6–23 Uhr, Krypta 9–18 Uhr.
Metro: Abbesses, Anvers
www.sacre-coeur.montmartre.com

Je länger man verweilt, desto mehr tritt zutage: die bunten Röhren von Centre Pompidou, die Kuppel des Panthéon, Notre-Dame, Saint-Eustache … der Tag verfliegt im Nu mit Sacré-Cœur im Rücken.

»Bistro« – »Schnell«, riefen russische Soldaten in der Maison Catherine (rechts oben), und das Bistro ward geboren. »Ich liebe dich« in 311 Sprachen – dieser Schwur (unten rechts) dürfte ewig halten, im Gegensatz zu den Eissorten des Salons Amorino (unten), die schnell geschleckt sind. Die »Metropolitain«-Station von Hector Guimard (oben).

43 Die Plätze auf der »Butte«

Ein Spaziergang über den Montmartre

»Ich liebe dich« – die schönste Liebeserklärung gilt natürlich auch für das Montmartre-Viertel. In 311 Sprachen und Schriften ist der Spruch sichtbar auf blauer Wand. Die Hauswand befindet sich nahe der Place des Abbesses und ist – wie so viele Plätze auf der »Butte« – beliebtes Fotomotiv. Abseits der Touristenströme lässt sich das romantische, das ruhige und das ursprüngliche Montmartre erkunden.

Ein kleiner Löffel von Nuss, ein kleiner Löffel von Amarena und noch einer von Kokos – die junge Dame hinter der langen Theke des Eissalons Amorino zaubert eine Blüte aus Eis in die Waffel und krönt das Ganze noch mit einer Amarenakirsche. Auf dem Weg zum stilleren Montmartre wird man nicht nur einmal von Touristen angesprochen, wo es dieses tolle Eis gibt … nicht nur in der Rue Abbesses, sondern auch nahe der Galeries Lafayette – hier wartet man aber in einer Schlange wie im legendären Berthillon … Doch zurück auf die »Butte« im 18. Arrondissement, wo man aus 129 Metern auf die Stadt hinabblicken kann. Wenn man das denn will, denn es gibt so viel zu entdecken. Kleine Handwerksbetriebe, Boutiquen und Obsthändler wechseln sich ab hier, vorbei an zig Auslagen kommt man an die Place des Abbesses. Bänke und Platanen laden zum Verweilen ein. Die Fotoapparate klicken, denn die Metrostation Hector Guimard ist samt Art-nouveau-Glasdach komplett erhalten.

Eine etwa 40 Quadratmeter große blaue Wand leuchtet durch den kleinen Park. In 311 Sprachen und Schriften wurde »Ich liebe dich« mit weißer Schrift eingraviert, in chinesischen Schriftzeichen, in Hindi, Farsi, Urdu … natürlich nicht zu übersehen: Je t'aime! Dieser Montmartre punktet mit engen Gassen und Kopfsteinpflaster, mit Häusern voll Patina und mit schattigen Plätzen, auf denen Boulespieler ihre Kugeln werfen. Die Treppen hinauf, und man steht auf der Place Émile Goudeau. Der Poet starb 1906 und hat in seinen Büchern, Gedichten und Chansontexten den Charme von Montmartre besungen.

Das Bistro, das von den Russen kommt

Nicht weit entfernt ist man wieder mitten im Gewühl der Place du Tertre, die Stimmung ist heiter, wenngleich man meistens wegen der vielen Menschen kaum etwas mitbekommt vom dörflichen Charakter des Platzes. Oder sind Sie Frühaufsteher? Gegen 6 Uhr am

Morgen schläft auch dieses rührige Pariser Fleckchen noch. Ansonsten herrscht hier den ganzen Tag über dichtes Gedränge. Bücken Sie sich ein wenig und werfen Sie einen Blick unter die Markisen – vor allem bei Haus Nummer 6, der Maison Catherine. Eine kleine Tafel erzählt Großes: Am 30. März 1814, als russische Truppen Paris besetzten und Napoleon schon vertrieben war, lagerten Kosaken auf der Place du Tertre. Mit heftigem Gebrüll gaben sie ihrer Forderung nach Wein Nachdruck. Sie schrien gerade in diesem kleinen Gasthaus von Catherine Lamothe: »Bistro!« Das ist russisch und heißt »schnell«. Ein neuer Name für Frankreichs Kneipen war damit geboren, das Bistro von russischen Kosaken aus der Taufe gehoben.

Zum Rendezvous mit Dalida

In der oberen Rue Lepic befinden sich zahlreiche Malerateliers. Über eine namenlose Passage gelangt man zur Avenue Junot. Der Eingang befindet sich in der Rue Lepic Nummer 65, dicht stehen die Bäume und spenden angenehmen Schatten. Dann ist es nicht mehr weit zur Place Dalida. Die bekannte Sängerin, die 1987 Selbstmord beging, hat am Montmartre in einer Villa gewohnt. Eine Bronzebüste erinnert an sie und ihre Lieder, wie das bekannte »Am Tag, als der Regen kam«.

Schlendern Sie die Rue L'Abreuvoir hinauf: In der Ferne zeichnen sich die Türme von Sacré-Cœur ab. Diese Dorfstraße versetzt die Besucher in ein anderes Jahrhundert, hier fällt es leicht, die Geschichte von »La Butte«, dem berühmtesten Hügel der Welt, nachzuerzählen. Einst soll hier ein gallo-römischer Tempel für den Gott Merkur gestanden haben. Später machten die Christen den Mons Mercurii zum Berg der Märtyrer ihres Heiligen Dionysius, der – hier enthauptet – mit seinem Kopf in der Hand bis Saint-Denis gewandert sein soll. Und 1534 wurde hier der erste Jesuitenorden gegründet.

AUF DEN SPUREN DER AMÉLIE

Seit die Bilder laufen lernten, wird in Paris gedreht, die Cineasten wissen, dass Roger Moore als James Bond am Eiffelturm kämpfte, Fred Astaire zum Triumphbogen schlenderte, Juliette Binoche bei den »Liebenden von Pont Neuf« war.

Die Filmemacher lieben Paris. Wer durch die Rue Lepic am Montmartre spaziert, wundert sich kaum über die vielen Menschen vor Haus Nummer 15, dem Café Tabac des deux Moulins, einer normalen Brasserie, wie so viele in Paris. Und doch ist sie anders: Sie war Schauplatz für die »Fabelhafte Welt der Amélie« mit Audrey Tautou in der Hauptrolle. Das Verkehrsbüro an der Place du Tertre hält einen Faltplan mit den wichtigsten Filmadressen bereit.

920 Filme wurden 2010 in Paris gedreht. Jeden Tag hat Paris durchschnittlich ein Dutzend Filmsets an den mehr als 4400 Drehorten. »Mission Cinema« organisiert eine Route, auf der man die Schauplätze der neueren Filme wie den »Da Vinci Code« aufspüren kann.

WEITERE INFORMATIONEN

Les parcours cinéma
www.cinema.paris.fr
Office du Tourisme
21, place du Tertre. Täglich 10–19 Uhr.

44 Cité des Sciences – in der Welt der Wissenschaften

Der Freizeitpark Parc de la Villette entstand auf dem ehemaligen Schlachthofgelände. In ihm befinden sich das Kino La Géode (oben), moderne Wasserräder (unten) und das Wissenschaftsmuseum (unten rechts) mit Originalbauten für Wasser und Luft. Miss.Tic sprüht Frauenbilder an Pariser Wände (rechts oben).

Wenn Mona Lisa mit Ihrer Stimme spricht

Die roten, kubusähnlichen Gebäude sind das farbenfrohe Merkmal dieses Parks, dem Parc de la Villette. In dem Freizeitpark kommen Jung und Alt, Klein und Groß auf ihre Kosten. Das Wissenschaftsmuseum Cité des Sciences et de l'Industrie lädt zur Erkundungstour in den Weltraum, um die Erde und unter Wasser. Von Weitem sichtbar: La Géode, das riesige Kino in einer spiegelblanken Stahlkugel.

Auf dem ehemaligen Schlachthofgelände im Nordosten von Paris zieht der Parc de la Villette die Besucher an – selbstverständlich in erster Linie zum Entspannen, aber auch zum Lernen, Staunen und Erforschen. Mit 55 Hektar ist dieser Park der größte auf dem Pariser Stadtgebiet, errichtet 1981, als man – und vor allem Staatspräsident Mitterrand – sich rüstete für das 21. Jahrhundert. Entstanden ist eine Symbiose aus Natur mit Kultur, Sport und Spektakel. Viele Spielplätze liegen auf dem Areal verstreut, mit Grünflächen zum Fußballspielen, Wegen zum Rad- und Rollerbladefahren und 25 »Folies«, roten Gebäudeblöcken mit Cafés, Restaurants und Musikpavillons. Sie gehen auf eine Idee des in Lausanne geborenen Architekten Bernard Tschumi zurück, der mit seinen knallroten »Verrücktheiten« immer wieder die Besucher überrascht. Der legendäre Rockpalast Le Zénith befindet sich hier ebenso wie Säle für klassische Musik oder für Jazz, außerdem ein Theater, das städtische Konservatorium und das Musikmuseum.

Das Spiel mit dem Wasser

Dreh- und Angelpunkt des Hightech-Parks aber ist die Cité des Sciences et de l'Industrie, deren umlaufender Wassergraben das wuchtige Erscheinungsbild des Wissenschaftsmuseums aufgreift, denn die Spiegelung im Wasser trägt dazu bei, dass das Museum noch größer erscheint. Zudem kann das Tageslicht so auch in die unteren Ebenen dringen. Über diverse Brücken gelangen die Besucher zu den verschiedenen Ausstellungsbereichen und in die Themengärten. Willkommen geheißen werden Kinder ab drei Jahren! In der eigens errichteten Kinderstadt können die jungen Besucher spielerisch wissenschaftliche Sachverhalte erfahren, indem sie experimentieren und sich etwa mit einem Skelett ein Radrennen liefern.

»Three … two … one … zero …«: Im Raketenmodell der »Ariane« fühlen sich Besucher wie echte Astronauten, denn hier wird der Start in den Weltraum eindrucksvoll simuliert. Gleichzeitig lernt man auch den Alltag in einem Raumschiff kennen. Vom Weltall in die Tiefen der Meere: Das detailgetreue Modell von »Le Nautile«, dem Forschungs-U-Boot, macht mit neuesten Forschungsergebnissen über die Weltmeere vertraut. Zu den zahlreichen Exponaten des Wissenschaftsmuseums gehört auch der originalgetreue Nachbau einer »Mirage«, des französischen Kampfflugzeugs.

Früher ging es hier viel blutrünstiger zu

Wie es auf dem Mars aussieht, was bei einer Sonnenfinsternis geschieht – das Planetarium mit 260 Sitzen bringt dank Allsky-Technik alles Wissenswerte über das Weltall, spannend und trickreich erzählt. Auch wenn heutzutage 3-D-Kinos zur Tagesordnung gehören, ein richtig »bewegendes« Kinoerlebnis bekommt man im Cinaxe, in dem die Technik der Flugsimulatoren verwendet wird. Das gewaltige Kugelkino La Géode mit der halbrunden, 1000 Quadratmeter großen 172-Grad-Leinwand zeigt IMAX-Filme zu den Themen Natur und Weltraum sowie eindrucksvolle Dokumentationen über ferne Länder.

Der Schlachthof, auf dessen Gelände der Parc de Villette entstand, stellte 1974 seinen Betrieb ein. Um 1900 wurden hier 23 000 Schafe und 5000 Rinder geschlachtet – täglich! Kein Wunder, dass das Gelände die »cité du sang« war, die Blutstadt. Die historische Halle mit einer filigranen Eisenkonstruktion diente einst als Verkaufsraum, heute locken (Dauer-)Ausstellungen die Besucher an. Mit interaktiven Spielen – man kann Mona Lisa mit seiner eigenen Stimme sprechen lassen – werden naturwissenschaftliche Gesetze leicht verständlich nahegebracht.

Gerade in den Sommermonaten ist der Parc de la Villette gut gefüllt. In den französischen Ferien ist es ratsam, sich rechtzeitig Karten für das Wissenschafts- und Technikmuseum zu besorgen.

DIE DAMEN DER MISS.TIC

Miss.Tic ist die Grande Dame der Street Art in Paris. Seit 1985 sprüht sie auf Zäune und Hauswände mit Schablonen-Graffitis ihre legendären Frauenbilder, kombiniert mit erotisch-poetischen Wortspielen. Jeder Pariser kennt die Selbstporträts von Miss.Tic, deren Graffitis überall zu finden sind. Inzwischen ist Miss.Tic längst Kult. Sie selbst sagt von sich: »Ich habe allem widerstanden, nur manchmal der Liebe nicht und niemals dem Humor.« Ihr geht es darum, »als Künstlerin und als Frau in der Stadt und der kreativen Welt Stellung zu beziehen. Kreieren heißt Widerstand leisten.« Ihre Frauenbilder stammen aus Frauenzeitschriften, die sie verfremdet. Sie sagt: »Ich unterziehe weibliche Positionen einer Art von Inventur.«

WEITERE INFORMATIONEN

Parc de la Villette und Cité des Sciences et de l'Industrie
30, avenue Corentin Cariou,
Tel. 01- 40 03 75 75.
Di–Sa 10–18 Uhr, So 10–19 Uhr.
Metro: Porte de Pantin, Porte de la Villette
Mit dem Schiff:
Bassin de la Villette, 13, quai de la Loire,
Tel. 01-42 39 15 00. Metro: Jaurès
www.cite-sciences.fr

In der Umgebung

Ein Besuch von Schloss Versailles mit seinem berühmten Spiegelsaal (rechts) und der Sonnenuhr (oben) ist für viele Paris-Besucher obligatorisch; oft auch eine Stippvisite zu Disneyland Paris (unten). Die Kathedrale von Saint-Denis (Mitte) ist die letzte Ruhestätte des hingerichteten Königspaars Ludwig XVI. und Marie-Antoinette.

In der Kathedrale Saint-Denis im gleichnamigen Pariser Vorort (unten rechts) mit dem berühmten Stade de France (rechts oben) wurden die meisten französischen Könige beigesetzt, unter ihnen Ludwig XII. und Anne de Bretagne in diesem Renaissance-Grabmal (oben). Die hohen Glasfenster (unten) tauchen die berühmte Grablege in ein sanftes Licht.

45 Saint-Denis – berühmte Grablege der Könige

Die moderne Technik wies nach: Hier ruht des Prinzen Herz

Französische Royalisten haben an der Peripherie von Paris eine wichtige Anlaufstelle, *die* Sehenswürdigkeit schlechthin – die Kathedrale von Saint-Denis. Dieser Kirchenbau der Gotik ist dem ersten Bischof von Paris geweiht. Die Basilika wurde zum Gedenken an den heiligen Dionysius an der Stelle errichtet, zu der der Märtyrer der Legende zufolge mit seinem abgeschlagenen Kopf in den Händen gewankt war.

Saint-Denis gehört zu den Pariser Vorstädten mit der größten Einwohnerdichte Europas. Hier steht das berühmte Fußballstadion. Und hier wurden in der Kathedrale und ihren Vorgängerbauten über ein Jahrtausend lang die französischen Könige begraben – von Dagobert I. 638 bis Ludwig XVIII. im Jahr 1824. Auch die Krönungen von Frankreichs Königinnen fanden hier statt. Die frühgotische Basilika steht auf karolingischen und romanischen Krypten. Die Vorhallen, Chor und Krypta aus dem 12. Jahrhundert verdeutlichen den Übergang von der Romanik zur Gotik. 1793 wurde die Kirche zu Revolutionszeiten verwüstet und geplündert, Skulpturen beschädigt. Es ist dem Architekturtheoretiker Viollet-le-Duc zu verdanken, dass sie seit 1858 wieder in alter Pracht erstrahlt.

Seinen Namen erhielt das Gotteshaus vom ersten Bischof von Paris, dem 250 n. Chr. ermordeten heiligen Dionysius. Die Sage erzählt, dass Dionysius, der im Bereich des heutigen Montmartre seinen Marterungen erlegen war, bis zu der Stelle der heutigen Kathedrale wankte, ehe er tot zusammenbrach. Dabei soll er seinen abgeschlagenen Kopf in Händen getragen haben.

Grabmalskulpturen und Buntglasfenster

Durch die hohen Glasfenster fallen die Sonnenstrahlen und hüllen den Altar in sanftes Licht, hoch ragen die Säulen auf. 37 Fenster sind es, jeweils zehn Meter hoch, bunte Glasfenster, von denen einige fast 900 Jahre alt sind. 108 Meter ist das Kirchenschiff lang, 29 Meter hoch und im Querhaus 39 Meter breit. Dazwischen: über 70 Marmorsärge und Gräber, die die königlichen Grabstätten beherbergen. Damit besitzt die Kathedrale Saint-Denis die größte Sammlung an Grabmalskulpturen aus dem 12. bis 16. Jahrhundert.

Man findet den Sarkophag von Pippin dem Kurzen, des Vaters von Karl dem Großen. Kniend und betend sind Ludwig XVI. und Marie-Antoinette dargestellt. Ludwig XII. und Anne de Bretagne sehen sich auf ihrem Grabmal, das zwischen 1517 und 1531 entstanden ist, gewissermaßen selbst auf dem Totenbett liegen: Unten sind die nackten Leichname des Herrscherpaars ausgestreckt, schonungslos realistisch der Ausdruck des Todes. Oben hingegen knien die Regenten, würdevoll und in prächtige Gewänder gehüllt.

Erst der zweite Entwurf gefiel

Ihr italienischer Landsmann Primaticcio fertigte für Katharina de Medici ein Grabmal, das auf wenig Akzeptanz stieß, zu wahrheitsgetreu sei es gewesen, wird kolportiert. Germain Pilon, ein Franzose, machte es besser, sein Grabmal fand das Wohlwollen der Gattin von König Heinrich II., die 1589 starb.

Seit 1975 hat auch das Herz des kleinen Bourbonenkönigs Ludwig Karl in der Kathedrale eine würdige Ruhestätte gefunden. Seine Eltern, bekannt als Ludwig XVI. und Marie-Antoinette, waren während der Revolution geköpft und auf einem Massenfriedhof verscharrt worden. Erst lange nach der Revolution suchte man die königlichen Gebeine und bettete sie um. Ein Strumpfband war es, an dem die Königin, besser: ihre sterblichen Überreste, wiedererkannt wurde. Der junge Thronfolger starb 1795 an Tuberkulose. Sein Arzt, königstreu und verschwiegen, entfernte das Herz und konservierte es. Später wurde es auf dem Friedhof Sainte-Marguerite begraben, bevor es eine Odyssee antrat, die mehr als 200 Jahre dauerte und die Reliquie in verschiedene Hände und Orte brachte. Was immer blieb, war die Frage: Ist es wirklich das Herz des jungen Prinzen, der als Ludwig XVII. einmal den Thron hätte besteigen sollen? Die moderne Technik machte jetzt eine Antwort möglich. Dank einer DNA-Analyse steht fest: Es ist tatsächlich ein königliches Herz.

TORJUBEL UND KONZERTE

Am 12. Juli 1998 sicherte sich Frankreich mit einem 3:0 gegen Brasilien den Weltmeistertitel, bejubelt von der Mehrzahl der 80 000 Besucher im Stade de France im Pariser Bezirk Saint-Denis. Es ist ein Ort für große Sportturniere wie Fußball, Rugby oder Leichtathletik, aber auch für andere Großveranstaltungen wie Konzerte. Nach 31 Monaten Bauzeit präsentierte das Architektenteam beeindruckende Zahlen: Das Stadion umspannt eine Dachfläche von sechs Hektar, die Sitzreihen haben eine Länge von 45 Kilometern, 18 Monumentaltreppen bringen die Besucher zu einem der 80 000 Plätze. Die kürzeste Entfernung zwischen Einwurflinie und Sitzplatz beträgt 15 Meter.

WEITERE INFORMATIONEN

Stade de France
Täglich 10–18 Uhr (außer an Spieltagen oder bei speziellen Anlässen).
Führung hinter die Kulissen: »au cœur du stade«, stündlich von 10–17 Uhr.
Tel. 08 92 70 09 00.
www.stadefrance.com

Kathedrale Saint-Denis
2, rue de Strasbourg, St-Denis,
Tel. 01-48 09 83 54.
Täglich 10–18 Uhr, So 12–18.15 Uhr.
Metro: Saint Denis-Basilique

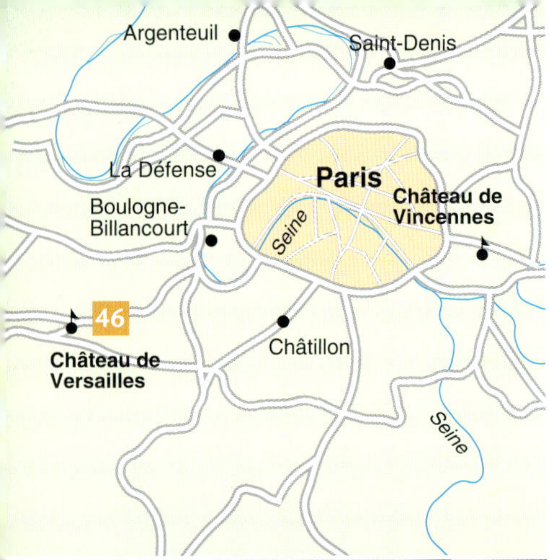

46 Versailles – das Machtsymbol

Über 700 Räume und ein riesiger Garten

Es ist ein Märchenschloss, das sich Ludwig XIV. aus einem kleinen Jagdschloss vor den Toren von Paris erbauen ließ: das Château de Versailles versinnbildlicht die Machtfülle und den Glanz des Sonnenkönigs. Und noch heute ziehen das Schloss und seine prächtigen Gartenanlagen Besucher aus aller Welt in ihren Bann. Versailles zählt zu den meistfotografierten Bauwerken in Frankreich.

Ein Tag vergeht wie im Flug mit dem Besuch von Versailles (oben), dessen weitläufige Gartenanlagen geometrisch angeordnet wurden (rechts) und durch zahlreiche Springbrunnen und Bassins (unten) – hier eine goldene Venus – für königliche Kurzweil sorgen.

Seit seiner Vollendung 1710 schmückt sich Versailles mit dem Prädikat, das größte und berühmteste Schloss in Frankreich zu sein. Zu verdanken ist dies dem Sonnenkönig Ludwig XIV., der bei einem Besuch im Château de Vaux-le-Vicomte (siehe Highlight 49) neidvoll erkennen muss, zu welchen baulichen Fähigkeiten die Architekten Louis Le Vau und Charles Le Brun sowie der Landschaftsarchitekt André le Nôtre fähig sind. So entscheidet der Sonnenkönig bereits mit 23 Jahren, das kleine Jagdschloss seines Vaters zu einem prächtigen Palast umzubauen und Versailles für ein Jahrhundert – nämlich von 1682 bis 1789 – zur Residenz des Königs und damit des gesamten Hochadels zu machen. Getreu dem Motto »L'état c'est moi«, »der Staat bin ich«, wird aus Versailles unter Ludwig XIV. Frankreichs absolutes Machtzentrum; zuvor, seit dem 13. Jahrhundert, residierten Frankreichs Herrscher im Louvre.

Bis zu 35 000 Menschen und 6000 Pferde arbeiteten bisweilen gleichzeitig am Ausbau des einstigen Jagdschlosses von Ludwig XIII., doch erst nach 50 Jahren Bauzeit präsentierte sich der Komplex so, dass er vor den Augen des Sonnenkönigs Gefallen fand. Für die feudale Ausstattung des Schlosses zeichneten zahllose Kunsthandwerker und Künstler aus dem ganzen Land verantwortlich. 1678 übernahm Jules Hardouin-Mansart die Leitung der Arbeiten, fügte Nord- und Südflügel und den Spiegelsaal hinzu. 1770 schließlich ließ Ludwig XV. das Opernhaus anbauen, der Theatersaal – ganz aus Holz und mit einer ausgezeichneten Akustik – wurde zur Hochzeit des künftigen Königs Ludwig XVI. fertiggestellt.

Ein Blick auf die königlichen Kutschen

Wenn Sie die RER-Station Versailles-Rive Gauche verlassen, folgen Sie einfach den Touristenströmen auf der Avenue de Sceaux bzw. der Avenue de Paris zum Schloss. Die Hauptachsen der Stadt führen zur Place d'Armes, an deren Kopfsei-

Grandiose Wasserspiele (unten), farbenprächtige Blumenrabatten rund um das Schloss Versailles (unten rechts) und verwunschene Tempel im Petit Trianon (Mitte) machen den Reiz dieser königlichen Herberge aus, die man durch riesige Tore betritt (oben). Ebenfalls lange Residenz der Könige: Saint-Germain-en-Laye (rechts oben).

te das Schloss liegt. An der Ostseite befinden sich die Stallungen, in der Grande Écurie standen zeitweise bis zu 2500 Pferde. Heutzutage lohnt es sich, die Staatskarossen aus barocker Zeit im Musée des Carrosses zu bewundern. Am Wochenende zeigt die Reitakademie die Hohe Schule der Dressur.

Geht man auf das Schloss zu, steigt man ein paar Treppen hinauf zum Marmorhof, dessen Hauptgebäude ein vergoldeter Balkon ziert. Dahinter, ziemlich genau in der Mitte der imposanten Schlossanlage, liegt das Schlafzimmer des Sonnenkönigs, Dreh- und Angelpunkt des Lebens bei Hofe. Die Chambre du Roi, ganz in Gold gehalten, diente dem Sonnenkönig bis zu seinem Tod 1715 faktisch als kleines Büro. Allein war er hier nämlich so gut wie nie: Eine Balustrade teilte den privaten vom öffentlichen Bereich, und »privat« bedeutete nur, dass die engen Vertrauten schon beim Aufstehen die neuesten Nachrichten brachten und auch beim Ankleiden und dem Frühstück zugegen waren – und abends selbstverständlich ebenso.

Für die Zeremonien des Zubettgehens und des Aufstehens diente der Salon de L'Œil de Bœuf neben dem Schlafzimmer, nach seinem ovalen Fenster in Form eines Ochsenauges benannt. Im Ratszimmer auf der anderen Seite des Schlafgemachs wurden alle wichtigen Beschlüsse gefasst. Das Cabinet du Conseil diente dem König als Empfangsraum für seine Minister und seine Familie.

Über eine prächtige Treppe gelangt man in die üppigen Privatgemächer der Königinnen. Im dortigen Schlafzimmer erblickten 19 Prinzen und Prinzessinnen das Licht der Welt. Das »Grand Cabinet de la Reine« genannte Thron- und Audienzzimmer ließ Marie-Antoinette 1785 nach eigenen Wünschen umgestalten. Die Repräsentationsräume des Königs zur Gartenseite sind mit Szenen der Mythologie ausgemalt. Der Thronsaal Ludwig XIV. etwa ist dem Gott Apollon gewidmet, der Raum überwältigt mit üppigem Prunk, farbigem Marmor, Wandgemälden, Samtausstattungen, Steinmetzarbeiten, Skulpturen, Schnitzereien und vergoldeten Möbeln.

Der Spiegelsaal – ein Bindeglied

Ab 1676 verband Hardouin-Mansart die beiden Schlosskomplexe an der Parkseite durch den Spiegelsaal und erweiterte die Anlage um Nord- und Südflügel. Dieser Spiegelsaal ist seither weltberühmt, und er schrieb Geschichte. Hier wurden Staatsempfänge gegeben und rauschende Bälle gefeiert. Im Jahr 1871 ließ hier Bismarck die Gründung des Deutschen Reichs ausrufen, und am 28. Juni 1919 wurde der Friedensvertrag von Versailles unterzeichnet. In dem 73 Meter langen Saal, der Galerie des Glaces, verlaufen 17 Spiegelbogen auf der einen und 17 Rundbogenfenster auf der gegenüberliegenden, zum Park weisenden Seite. Er ist mit originalgetreu rekonstruiertem Mobiliar bestückt und im Tonnengewölbe mit Gemälden geschmückt, die einen Einblick in die Regentschaft des Sonnenkönigs geben. 680 Meter ist das Schloss lang, es hat 700 Räume, von denen die prächtigsten und prunkvollsten, die wichtigsten und historisch bedeutenden besichtigt werden können. Planen Sie auf jeden Fall einen ganzen Tag für Versailles ein.

Besucher drängen sich hier selbstredend am Wochenende und häufig auch am Dienstag, wenn der Louvre geschlossen hat. Die weitläufigen Gartenanlagen haben täglich von Sonnenaufgang bis Sonnenuntergang geöffnet. In den Sommermonaten von April bis September fühlt man sich an den Wochenenden schnell in die Zeit Ludwigs XIV. zurückversetzt, wenn die großen Wasserspiele mit Musikuntermalung, nachts sogar mit einem Feuerwerk, vorgeführt werden.

Im Garten: Geometrie und Symmetrie

Diese Parkanlagen sind ein Meisterwerk der Gartenbaukunst, die Architekt André Le Nôtre skizzierte und ausführen ließ. Die über 100 Hektar große Anlage genügte genauso den Repräsentationsansprüchen wie das Schloss selbst. Opern und Theaterstücke wurden bei prachtvollen barocken Hoffesten aufgeführt. Die Beherrschung der Natur durch den Menschen wird hier sichtbar durch die Symmetrie der Anlage, zeigt sich in den geometrischen Figuren aus Blumen und Hecken und den zahlreichen Kanälen, die mit Brunnen und Skulpturen geschmückt sind. Bis zur Allée d'Apollon sind die Gärten mit ihren Wasserbecken und Hunderten von Statuen und Vasen im ursprünglichen Zustand erhalten. Suchen Sie sich Ihren ganz eigenen Weg zum Petit Trianon, das Marie-Antoinette so sehr liebte, oder zum Grand Trianon. Dort konnten die königlichen Familien befreit vom strengen Hofprotokoll ihr Privatleben pflegen. Marie-Antoinette, Napoleon und Louis-Philippe passten es dem jeweiligen Zeitgeschmack an. Ludwig XV. übrigens schenkte Petit Trianon mit dem englischen Garten 1766 Madame Pompadour.
Nach der Französischen Revolution verlor Versailles an Bedeutung. Der Bürgerkönig Louis-Philippe machte 1837 aus Versailles ein Museum. Seit 1979 gehört das prächtige Schloss zum UNESCO-Weltkulturerbe.

DER GRANDIOSE BLICK AUF LA DÉFENSE

Auf einer Anhöhe entlang der Seine erhebt sich das Schloss Saint-Germain-en-Laye. Bevor Ludwig XIV. den Hof nach Versailles verlegte, diente diese Anlage etwa 19 Kilometer westlich von Paris als Residenz der Könige. Schon Karl der Große jagte hier. Im Schloss zeigt das Archäologische Nationalmuseum Funde aus vorgeschichtlicher Zeit bis zum Mittelalter. Landschaftsarchitekt André Le Nôtre schuf die weitläufigen Schlossgärten mit mehreren aufwendig gestalteten Terrassen. Geblieben ist davon unter anderem die 2,4 Kilometer lange Grande Terrasse über der Seine, von wo man auf La Défense und Paris blickt.
Im Ort Saint-Germain-en-Laye steht das Geburtshaus von Claude Débussy. Das Museum in der Prieuré zeigt bedeutende Gemälde der Schule von Pont-Aven.

WEITERE INFORMATIONEN

Versailles
2 bis, Avenue de Paris, Versailles,
Tel. 01- 39 24 88 88.
www.chateauversailles.fr
Musée d'Archéologie Nationale
Château de St-Germain-en-Laye,
Tel. 01-39 10 13 00.
www.musee-archeologienationale.fr

Weit stehen die schmiedeeisernen Tore offen (oben), die den Weg freigeben zum Château de Fontainebleau (unten rechts). Unter Heinrich II. wurde der Ballsaal (unten) fertiggestellt, den Francesco Primaticcio 1552 entworfen hat. Nach wie vor wird in Fontainebleau dem »adligen« Spiel *Jeu de Paume* gefrönt (rechts oben).

47 Fontainebleau – Erholung für die Städter

Wandern auf alten Pfaden

Im wohl schönsten Wald Frankreichs steht malerisch das Château de Fontainebleau. Jagdliebhaber König François I. ließ sich ein Renaissanceschloss im florentinisch-römischen Stil bauen. Die hufeisenförmige Treppe ist ein echter Blickfang, wenn man auf das Schloss zusteuert, für dessen Besichtigung Sie ausreichend Zeit einplanen sollten. Auch die Umgebung lohnt, zu Fuß oder mit dem Rad erkundet zu werden.

Die beschauliche Stadt Fontainebleau liegt im gleichnamigen Wald, der sich rühmen darf, eines der schönsten Naherholungsgebiete in Frankreich zu sein und infolgedessen gerade an den Wochenenden Ausflugsziel Nummer eins ist für die Pariser. 28 000 Hektar groß ist das Gelände mit seinem Hochwald, der kargen Heide, den Felsen und Schluchten, wo bereits um 1830 herum die ersten Wanderwege markiert wurden. Die Originalpfade aus dem 19. Jahrhundert wurden von Claude François Denecourt (1788–1875), der die ersten Pläne ausarbeitete, und von Charles Colinet (1839–1905) angelegt. Er baute das blau markierte Wegenetz aus, auf dem heute noch viele Besucher entlanggehen. Hauptanziehungspunkt sind unter anderem die Schluchten von Franchard. Es gibt Felsen, die Tieren ähneln – so kommt man an einem Dinosaurier vorbei, sieht einen Elefanten und begegnet einer Schildkröte.

Mittlerweile zählen das Schloss Fontainebleau und der Wald jährlich an die 13 Millionen Besucher – Wanderer, Bergsteiger, Mountainbiker, Reiter, Radfahrer, Spaziergänger ... Denn es ist auch nicht weit an die Ufer von Seine und deren Nebenfluss Loing.

Frühmorgens ist der Blick am schönsten

So ist es nicht verwunderlich, wenn diese Landschaftsschönheit viele Künstler anzog, darunter Millet, Corot oder Rousseau – niedergelassen hat sich die Malergruppe im nahe gelegenen Dorf Barbizon, in dem heute im ehemaligen Atelier von Rousseau ein Museum eingerichtet wurde. Bereits 1981 erkannte die UNESCO die kulturelle Bedeutung von Schloss und Wald und stellte beides unter das UNESCO-Weltkulturerbe. Nicht nur wer in der Umgebung von Fontainebleau wohnt, schwärmt von der einen Aussicht, die die Einzigartigkeit

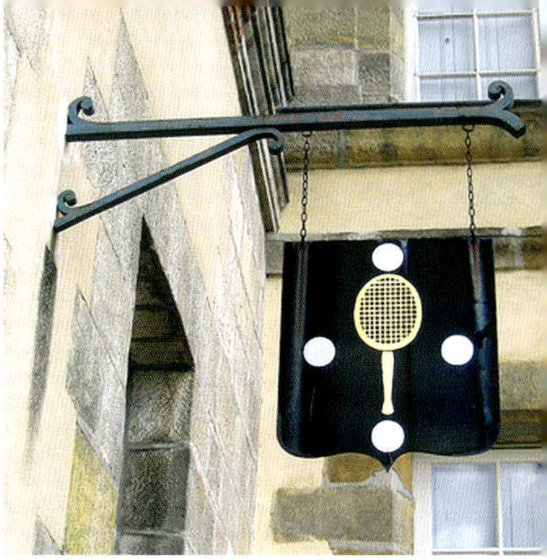

dieses Fleckchens Erde unter Beweis stellt: Es ist der Blick frühmorgens vom Schlosspark in Richtung des künstlichen Tibersees.
Man kann es den Herrschern nicht verdenken, dass sie den Wald um Fontainebleau zu einem begehrten Jagdgebiet erkoren. Seit dem 12. Jahrhundert nannten die Kapetinger ein kleines Jagdschloss ihr Eigen, hervorgegangen aus einer Abtei Ludwigs VII. König Franz I. ließ 1528 an gleicher Stelle den Renaissancebau errichten, der im Laufe der Jahrhunderte beständig erweitert wurde. Denn an Fontainebleau haben viele Könige mitgebaut, und viele haben sich dort gern aufgehalten. Katharina von Medici bewohnte hier eine Flucht von Gemächern. Napoleon und Joséphine fühlten sich hier ebenso wohl wie zuvor Marie-Antoinette und Ludwig XVI.

Eine Treppe in Hufeisenform

In fünf Höfe gliedert sich der zumeist zweigeschossige Bau des Château de Fontainebleau, das in den Nachkriegsjahren bis 1965 Sitz der NATO war. Franz I. ließ den vormals einfachen Innenhof, die Cour de Cheval Blanc, zur Hauptzufahrt ausbauen. Wer hier auf das Schloss zuspaziert, sieht die Escalier du Fer-à-Cheval. Die hufeisenförmige Treppe von 1634 entstand nach einer Konstruktion von Jean Androuet du Cerceau, die es erlaubte, dass Pferdegespanne unter den beiden Bogen hindurchfahren konnten.
Das Schloss betreten Sie am besten durch den Flügel mit dem Napoleon-Museum. Die Galerie François I, ein gewaltiger Verbindungsgang, gestaltete Rosso Fiorentino 1530 mit üppigen Wandmalereien, Skulpturen und einer wuchtigen getäfelten Decke. Francesco Primaticcio, ein Mitbegründer der Schule von Fontainebleau, trat nach Rossos Tod in dessen Fußstapfen und gestaltete im Auftrag von Heinrich II. den Ballsaal mit Kassettendecken aus Walnussholz. Heinrich II. ließ diesen Saal, der unter Franz I. gebaut wurde, für seine Geliebte, Diane de Poitiers, aufhübschen.

JEU DE PAUME UND GEFÄNGNISMUSEUM

In Fontainebleau hat sich das **Jeu de Paume** erhalten. Das »adelige« Spiel ist ein Ballrückschlagspiel, früher mit der Handinnenfläche gespielt, später mit kleinen Schlägern. Ballspielhäuser waren im 16. und 17. Jahrhundert weit verbreitet, nach der Französischen Revolution starb das Spiel aus, aber nicht in Fontainebleau. Regelmäßig treffen sich Mannschaften aus dem In- und Ausland zu Turnieren, Interessierte können sich in das Spiel einweisen lassen. Wie beim Tennis wird ein Netz durch den Raum gespannt, dessen Pultdach Teil des Spielfeldes ist.
Im ehemaligen Gefängnis von Fontainebleau hat Frankreich das erste **Nationalmuseum der Gefängnisse** errichtet. Erzählt wird die Geschichte der Gefängniswelt vom 17. Jahrhundert bis zum heutigen Tag.

WEITERE INFORMATIONEN

Einführung in das Jeu de Paume und Führungen durch das Gefängnismuseum:
Office de Tourisme du Pays de Fontainebleau
4, rue Royale, Fontainebleau,
Tel. 01-60 74 99 99.
www.justice.gouv.fr/musee
Von Paris mit SNCF vom Gare du Lyon

Château de Fontainebleau, die »wahre Heimat der Könige«, wie Napoleon 1816 auf Sankt Helena schwärmte: *»La vraie demeure des rois, la maison des siècles.«*

Die mächtige Burganlage nahe des Bois de Vincennes mit dem Lac Daumesnil (rechts oben) gehört zu den größten Festungen Europas: das Château de Vincennes (unten rechts) mit seinen wuchtigen Türmen und der Schlosskapelle in der Mitte (oben), den dekorierten Decken im königlichen Schlafzimmer (unten).

48 Château de Vincennes – die große Burg

Als die französischen Könige noch hier regierten

Gemeinsam mit dem Louvre zählt das Château de Vincennes zu den wichtigsten Schlössern in der Geschichte Frankreichs. Karl V. ließ die Festung – eine der größten und am besten erhaltenen Burganlagen in Europa – im 14. Jahrhundert erbauen. Weithin sichtbar überragt der 52 Meter hohe Wohnturm das Château, in dem ein Museum die Geschichte des Schlosses als Wohnsitz der Könige dokumentiert.

Bis zum 17. Jahrhundert war das Château de Vincennes vor den Toren von Paris auch Wohnsitz der französischen Könige. Der Schlossgraben trennt die Festungsanlage vom Bois de Vincennes, den einstigen Jagdgründen der königlichen Hoheiten. So war es wiederum ein königlicher Jagdsitz, den Philipp II. Augustus im 12. Jahrhundert zu einer Residenz ausbauen ließ; 1380 war der Auftrag von König Karl V. für eine Umwehrung des Schlosses von Vincennes beendet. 260 000 Steinblöcke wurden allein für die Verkleidung der Außenmauern benötigt. Die Wehrmauern und Türme sind aus etwa einen Fuß hohen Kalksteinblöcken dicht an dicht zusammengesetzt. Die Steine sind fast einheitlich 0,80 Meter lang, einige jedoch sogar über zwei Meter. Man kann noch heute die enorme Leistungsfähigkeit der Handwerker ermessen, wenn man weiß, dass die Umwehrung 1200 Meter lang war und sich neun ursprünglich zwischen 40 und 42 Meter hohe Türme darin befanden. Bis Ende des 17. Jahrhunderts war der 27 Meter breite Graben noch mit Wasser gefüllt. Seine Glanzzeit erlebt das Schloss schon während der Religionskriege, weil es zum schützenden Rückzugsort für den König und sein Gefolge wird. Nach dem Mord an Heinrich IV. war es Maria von Medici, die den Bau eines neuen Gebäudes anstelle des ehemaligen Pavillons von Franz I. befahl, um dort eine sichere Unterkunft für den jungen Ludwig XIII. zu besitzen. Der spätere König verbrachte seine gesamte Jugend in Vincennes. Während der Fronde, der Zeit der Bürgerkriege (1648–1652), ließen sich der Hof und Kardinal Mazarin im Schloss von Vincennes nieder.

Man erkennt die Handschrift von Le Vau

Es ist der schon angesehene Architekt Le Vau, der den Pavillon de la Reine und

den Pavillon du Roi erstellt, indem er an die Gebäude zwei gleiche Flügel anbauen lässt. Denn Mazarin und Ludwig XIV. wollen Vincennes zur Residenz ausbauen. Dazu wird die südliche Umwehrung mehrfach durchbrochen, um Öffnungen zu schaffen. Die Tour de Bois, bisher der Haupteingang, wird teilweise abgetragen und in einen Triumphbogen umgewandelt. In der südöstlichen Ecke der Umwehrung wird der zum Pavillon du Roi symmetrische Pavillon der Königin gebaut. Um den königlichen Hof vom Rest des Schlosses zu trennen, wird nördlich der Pavillons eine mit Arkaden durchbrochene Mauer errichtet.
König und Hof halten sich oft in Vincennes auf, hier finden große Feste statt; man besucht Theateraufführungen und Jagdgesellschaften tummeln sich im angrenzenden Forst. Der Architekt Le Vau hat alle Hände voll zu tun, schließlich ist er auch mit dem Bau des Château Vaux-le-Vicomte betraut, Auftraggeber ist Finanzminister Fouquet. Sein Meisterstück liefert Le Vau mit Versailles ab, daraufhin verliert Vincennes seine Bedeutung für den Hof.

Später wurde ein Gefängnis daraus

In der Mitte der Anlage steht die Schlosskapelle, die in langer Bauzeit zwischen 1387 und 1552 nach dem Vorbild der Sainte-Chapelle auf der Île de la Cité in Paris errichtet wurde. Sie besitzt schöne Renaissance-Glasmalereien.
Nach dem Umzug nach Versailles wird das Château de Vincennes von der École Militaire genutzt. Die Burg wird zum Gefängnis, in dem Persönlichkeiten wie Mirabeau, de Sade und Diderot festgehalten werden. 1790 verbreitet sich ein Gerücht: Der Donjon von Vincennes soll von der Pariser Commune als zweite Bastille genutzt werden, denn wegen der Zerstörung dieses berühmt-berüchtigten Gefängnisses platzen die übrigen Haftanstalten aus allen Nähten. Wütende Arbeiter marschieren auf Vincennes zu, doch General Lafayette verhindert eine Zerstörung des Schlosses.

THEATER UND BAUERNHOF

Jenseits des Schlossgrabens um das Château de Vincennes erstreckt sich der Bois de Vincennes – 995 Hektar Bäume, Seen, Inseln und Rasen. Dieses ehemals königliche Jagdgebiet ist die weitläufigste Grünfläche von Paris, von Baron Haussmann als größter englischer Garten angelegt und durchzogen von 32 Kilometern autofreien Straßen, fast 20 Kilometern Radwegen und ebenso vielen Reitwegen. Biologische Landwirtschaft wird auf der fünf Hektar großen »Ferme de Paris« betrieben. Dieser Bauernhof ist vor allem ein Anziehungspunkt für jüngere Besucher, während sich die älteren eher für eines der fünf Theater interessieren, die in der ehemaligen Militärfabrik Cartoucherie de Vincennes untergebracht sind, so auch das »Théâtre du Soleil«.
Der Parc Floral de Paris ist im Sommer Mittelpunkt von Jazz- und Klassikkonzerten.

WEITERE INFORMATIONEN

Château de Vincennes
Avenue de Paris, Vincennes,
Tel. 01-48 08 31 20.
Metro: Château de Vincennes
Bois de Vincennes
Metro: Porte Dorée
www.boisdevincennes.com

Zu jeder Tages- und Nachtzeit zeigt sich das Château Vaux-le-Vicomte (unten rechts) von seiner schönsten Seite, mit einer kleinen Prise mehr Romantik, wenn es beleuchtet wird (oben). Landschaftsgärtner Le Nôtre schuf die Gärten mit Terrassen, Seen und Brunnen (unten). Seit 2001 UNESCO-Weltkulturgut: das Städtchen Provins (rechts oben).

49 Château Vaux-le-Vicomte – Prestigeobjekt eines Ministers

Nobelherberge für einen ungeliebten Politiker

Finanzminister Nicolas Fouquet gönnte sich mit dem Château Vaux-le-Vicomte einen Prachtbau. In knapp vier Jahren Bauzeit entstand eines der schönsten Anwesen des 17. Jahrhunderts mit einer Gartenanlage, die bis ins 18. Jahrhundert Europas Schlossparks prägen wird. Pech nur für den mächtigen Mann, dass sein Haus alles überstrahlt, was der König Ludwig XIV. sein Eigen nennen kann. Welch ein Affront!

Der Besuch von König Ludwig XIV. sollte der Höhepunkt nach Abschluss der Bauarbeiten werden. Im August 1661 präsentiert Nicolas Fouquet, Finanzminister Seiner Majestät und ein großzügiger Mäzen der Dichter des Grand Siècle, sein neues Schloss, rund 40 Kilometer südöstlich von Paris gelegen. Geladen ist die Pariser Hofgesellschaft mit dem 22-jährigen König Ludwig und seiner Mutter Anna von Österreich an der Spitze. Er ist von Schloss Fontainebleau herübergekommen und kann schon von der Kutsche aus das Ausmaß der ganzen Anlage ermessen, mit einem Schloss, dessen Kuppelbau an eine Kathedrale erinnert. Le Vau, der Architekt, hat sich hier für seine spätere Aufgabe als Bauherr von Versailles empfohlen.

Gold – so weit das Auge blickte

Die Symmetrie, mit der das Schloss von außen besticht, weicht in seinem Inneren einem gekonnten Mix aus Fresken, Stuck, Büsten und Säulenfiguren. Vorherrschend: Gold und Goldtöne. Bei der Besichtigung des Schlosses ist es der Maler Le Brun selbst, der dem König im Großen Salon die Allegorien der Deckenmalerei erklärt, die Fresken, die Nymphen und Sphinxen darstellen. Vertäfelte Wände und ein Fries, der das alte Rom heraufbeschwört, befinden sich in der Grande Chambre Carrée.

Der berühmte Küchenmeister François Vatel serviert auf goldenem Geschirr ein fünfgängiges Menü im hohen Kuppelsaal des Schlosses. Ob da dem König schon so mancher Bissen im Halse stecken geblieben ist? Er hat die Gartenanlagen besichtigt, wird in der Sänfte durch ein Spalier aus Fontänen getragen, sieht kunstvoll gestaltete, angelegte Wege, Kanäle, Bassins, grandiose Terrassen, künstliche Seen und Brunnen. Dafür zeichnet der Gartenarchitekt André Le Nôtre verantwortlich, der damit jenen *jardin à la française* schafft, der bis Ende des 18. Jahrhunderts die Schlossparks überall in Europa prägen wird.

Das Eichhörnchen und der Aufstieg

Ein Amphitheater bildet die Kulisse für Molière und seine Schauspielgruppe, die im Auftrag von Fouquet eine Ballettkomödie aufführen, die aus der Feder des französischen Schriftstellers stammt. Spätestens da musste König Ludwig XIV. sich eingestehen, dass dieses Schloss die königlichen Residenzen in den Schatten stellt – den alten Louvre ebenso wie Fontainebleau und das Château de Vincennes. Versailles übrigens war zu diesem Zeitpunkt ein kleines Jagdschloss. Und über allem prangte das Familienwappen – ein Eichhörnchen, das nach oben steigt – und der Spruch *Quo non ascendet* (Wie hoch wird es noch steigen?). Fouquet bedeutet im Bretonischen Eichhörnchen, und Nicolas Fouquet entstammt einer bretonischen Familie. Den Weg nach oben mag er schon gesehen haben, als künftiger Premierminister, Nachfolger des kurz zuvor verstorbenen Kardinals Mazarin. Doch Nicolas Fouquet irrt sich gewaltig.

Im Schein von vielen Kerzen

Lange kann der 46-Jährige sein Schloss nicht genießen. Drei Wochen nach dem rauschenden Fest hat er alle Ämter verloren, bereits einen Monat später sitzt Nicolas Fouquet in der Pariser Bastille ein, ihm wird der etwas fadenscheinige Prozess wegen Veruntreuung staatlicher Gelder gemacht. Es ist Charles d'Artagnan, der legendäre Hauptmann der Musketiere, der ihn vor dem Ständehaus festnimmt. Sein Schloss sollte Fouquet nie wieder sehen, er starb 1680 nach mehr als 18 Jahren Haft.

Noch heute rufen in den Sommermonaten die Wasserspiele ungläubiges Staunen hervor. Das Wasser scheint im Überfluss vorhanden zu sein. Wenn dann auch noch an den Samstagabenden Hunderte von Kerzen das Schloss in sanftes, zauberhaftes Licht tauchen, wartet man als Besucher eigentlich nur noch auf die Ankunft des Sonnenkönigs.

PROVINS UND DIE ROTEN ROSEN

Fast jede Straßenecke erinnert in Provins – eine Stunde von Paris entfernt – an die prunkvolle Zeit der Grafen der Champagne, die im 12. und 13. Jahrhundert den Königen trotzten und die Stadt zu Wohlstand brachten. Theobald IV. ist einer der bekanntesten. Er war Poet und nahm als Ritter an Kreuzzügen teil, von wo er die Damas-Rose mitbrachte. Diese Rose ist eines der großen Symbole der Stadt, die ihr mittelalterliches Aussehen behalten hat. Der Lohn für dieses Stadtbild kam im Dezember 2001, als die UNESCO Provins zum Weltkulturgut ernannte.

Die rote Rose war für ihre medizinischen Eigenschaften bekannt. Sie blüht im Mai und Juni. Bewundern kann man sie im Rosengarten von Provins, probieren in Konfitüren, Bonbons und Eis.

WEITERE INFORMATIONEN

Château Vaux-le-Vicomte
Maincy, Tel. 01-64 14 41 90.
Täglich 10–18 Uhr (März–November).
Mit SNCF 81 ab Gare de Lyon, Bus Nr. 1.
www.vaux-le-vicomte.com
Provins
Office de Tourisme de Provins
Chemin de Villecran, Provins,
Tel. 01-64 60 26 26.
www.provins.net

Mit Volldampf hinein ins Disneyland Paris geht's mit dem Big-Thunder-Mountain-Zug (oben) im Frontierland. Minnie Mouse grüßt die Gäste (unten), die gespannt der Parade in der Main Street folgen (unten rechts) bzw. sich im Grünen wohlfühlen (rechts oben).

50 Disneyland – Touristenattraktion Nummer eins

Ein Besuch bei Micky Maus und Captain Sparrow

Über zwölf Millionen Besucher jährlich machen aus Disneyland Paris Europas Touristenattraktion Nummer eins. Die Welt der perfekten Illusionen liegt gut 30 Kilometer östlich von Paris und besteht aus dem Disneyland Park, dem Walt Disney Studios Park, dem Vergnügungszentrum Disney Village und mehreren Hotels. Mehr als 12 000 Mitarbeiter sorgen für einen reibungslosen Ablauf in dem 1943 Hektar großen Freizeitkomplex.

Wohin zuerst? Die 15-jährige Nina und ihr 18-jähriger Bruder Philipp schauen sich ein wenig ratlos an, nachdem sie mit vielen anderen das verheißungsvolle Schild »Disneyland Paris« passiert haben. Sie befinden sich in einer Kleinstadt im amerikanischen Stil und sehen Minnie Maus auf sich zulaufen. Doch bevor Philipp die Kamera gezückt hat, um seine Schwester mit der bekannten Comicfigur abzulichten, wird diese schon von einer Schar Jungen und Mädchen umringt, die kreischend um ein Autogramm bitten. Foto? – Momentan unmöglich, was soll's … Gelegenheiten dazu werden die beiden noch genügend haben. Zwei Tage haben sie für den Besuch von Disneyland Paris eingeplant, mit dem Bus kamen sie aus Bayern angereist, und jetzt wollen sie sich erst einmal in dem Gelände orientieren.

Eine Verbeugung vor Frankreich

Mit der Disneyland-Railroad verschaffen sie sich einen ersten Überblick über die riesige Märchenwelt. Sie kommen am Fantasia-Land vorbei, in dem das traumhafte Dornröschenschloss steht, wo man Schneewittchen und die sieben Zwerge trifft, Alice ins Wunderland begleiten kann. So ganz hat man in Europa nicht das kalifornische Ur-Disneyland übernommen, hat sich auch nicht so sehr an Neuschwanstein, mehr an den Schlössern der Loire und am Mont Saint-Michel orientiert – eine kleine Hommage an die französischen Gastgeber.
Nina und Philipp fahren weiter, vorbei am Frontierland, wo ihnen die Kugeln um die Ohren sausen, sind sie doch mittendrin im Wilden Westen mit Goldminen und Raddampfer. Umsteigen in den Big Thunder Mountain! Die Fahrt im führerlosen Zug mit Looping und durch

alte Ruinen verursacht schon den ersten Nervenkitzel, sorgt bei Nina für ein leicht flaues Gefühl im Magen. Da kann man noch einen Blick ins Spukhaus werfen, ehe es weiter geht ins Adventure-Land, wo sie Indiana Jones und die Piraten der Karibik treffen.
Jetzt aber rein in »Space Mountain«! Philipp und Nina sind im Discovery-Land und erobern gerade den Weltraum: Die Turbolaserkanone schießt sie ins All. Sie verschwinden unter viel Lärm im Rauch und im Weltall-Berg, hier rasen sie mit 70 Stundenkilometern an Meteoriten und Kometen vorbei. Als sie wieder festen Boden unter den Füßen haben, strahlen sie, endlich haben sie ein Fahrgeschäft gefunden, das auch ihrem Alter angepasst ist, die meisten seien doch eher was für kleinere Kinder. Dabei ist es Nina und Philipp auch egal, dass »Space Mountain« und die Bahnfahrt zum Mond auf einem Roman von Jules Verne basiert, »Von der Erde zum Mond« aus dem Jahr 1865. Und auch im U-Boot »Nautilus« denken die beiden Besucher eher an den Fisch Nemo denn an den Kapitän gleichen Namens, den Jules Verne so manches Abenteuer bestehen ließ.

Der grandiose Blick hinter die Kulissen

Da sind die beiden bereits im Walt Disney Studios Park, wo sie hinter die Kulissen der Traumfabrik schauen, Stunts bewundern und erfahren können, wie Toy Story entstand. Das alles macht hungrig. Disney Village mit seinen Restaurants und Bars lassen die beiden links liegen – zu teuer für ihren Geldbeutel. Hier kommen aber die Nachtschwärmer auf ihre Kosten, wird die legendäre Buffalo Bill's Wild West Show aufgeführt. Ein Hotdog aus der Hand tut's auch und siehe da, auch Goofy hat Hunger und gesellt sich dazu. Jetzt bekommt Philipp doch noch sein Foto mit Nina und einer Disneyfigur.
Doch dann pressiert es ein wenig – die Parade auf der Main Street hat begonnen, und die wollen sich die beiden nicht entgehen lassen. Und abends bewundern sie von der Central Piazza aus das Feuerwerk und versprechen sich – wir kommen wieder.

PARC ASTÉRIX

In das Jahr 50 vor der Zeitrechnung führt der Parc Astérix, der die Geschichte der wohl bekanntesten Gallier nacherzählt, die die Comicautoren René Goscinny und Albert Uderzo zum Leben erweckt haben. Asterix, Obelix und Idefix gehören selbstverständlich zum Park wie die Via Antica, Wikingerschiffe und ein Gallierdorf, in dem Römer verprügelt und Wildschweine aus Plastik vermampft werden. Die 31 Attraktionen für die kleinen und großen Besucher sind Mittelpunkt des gallischen Themenparks, der 1989 eröffnet wurde. Die Attraktionen tragen passende Namen wie »Menhir-Express« oder »Wald des Druiden«.
Nur 60 Kilometer ist der Parc Astérix vom Disneyland Resort Paris entfernt, muss aber die mächtige Konkurrenz nicht fürchten. Denn die meisten Asterixanhänger kommen aus dem eigenen Land. Über 1,8 Millionen Besucher kann man jährlich willkommen heißen.

WEITERE INFORMATIONEN

Parc Astérix
Plailly, Tel. 08-26 30 10 40.
www.parcasterix.fr
Disneyland Paris
www.disneylandparis.com
RER, Linie A, Ensdtation Marne la Vallée

Die Kathedrale Notre-Dame ist immer ein beliebtes Fotomotiv (oben), bevor ein *café au lait* im Café de Flore lockt (unten). Moderne Skulpturen passen in das Viertel der Wolkenkratzer, nach La Défense (Mitte).

Register

Personen

Der Parc des Buttes-Chaumont (oben) entführt ins »Reich der Träume«. In der Rue de Rivoli grüßt die goldene Reiterstatue von Jeanne d'Arc (Mitte). Weithin sichtbar: das Dach der Opéra Garnier (unten).

Montmartre am Abend – beliebte Anlaufstelle für einen Drink oder zwei … (oben). Abkühlung gibt es dafür im Parc André Citroën oder Parc Monceau (unten). Engel zieren den Türknauf an der Pforte zur Oberkapelle in der Sainte-Chapelle (Mitte).

Impressum

Produktmanagement: Stephanie Iber
Layout: graphitecture, Rosenheim
Repro: Repro Ludwig
Umschlaggestaltung: Fuchs-Design, Sabine Fuchs, München
Kartografie: Astrid Fischer-Leitl, München
Herstellung: Bettina Schippel
Printed in Italy by Printer Trento

Alle Angaben dieses Werkes wurden vom Autor sorgfältig recherchiert und auf den aktuellen Stand gebracht sowie vom Verlag geprüft. Für die Richtigkeit der Angaben kann jedoch keine Haftung übernommen werden. Für Hinweise und Anregungen sind wir jederzeit dankbar. Bitte richten Sie diese an:

Bruckmann Verlag
Postfach 40 02 09
D-80702 München
E-Mail: lektorat@bruckmann.de

Die Autorin dankt Véronique Potelet vom Office du Tourisme et des Congrés de Paris.

Bildnachweis:
Alle Bilder des Innenteils und des Umschlags stammen von der Bildagentur LOOK, München, außer: Dreamstime: S. 144 u. (Razvanjp); Fotolia: S. 131 o. (Atlantis), 163 o. (Dambies, L.), 66 u. (lilufoto), 157 o. (Moriarty, D.); laif, Köln: S. 140 u. (Le Figaro); Office du Tourisme et des Congrés de Paris: S. 20 o., 20 u.; Picture Alliance, Frankfurt a.M.: S. 118 M., 119 u. (Abaca/
Ammar, A.), 147 o. (Abaca/Reix, S.), 92 u., 106 o. (akg-images), 13, 51 u., 111 o., 111 M., (akg-images/Bibollet, C.), 14 o.l., 91 o., 137 o. (akg-images/Champol, H.), 106 u. (akg-images/Lessing, E.), 93 u. (akg-images/Raible, J.), 160 o., 160 u. (Bildagentur Huber), 164 M. (Bildagentur-online), 57 o. (Bluntzer, C.), 127 o. (Dumont Bildarchiv/Heuer, F./laif), 12 M. (dpa/Fellens, R.), 113 o. (dpa/Mihov, N./wostok Press), 108 u. (Ehlers, C.), 40 M. (Henley, M.), 56 u., 63 o. (Lonely Planet Images/Carillet, J.), 57 o. (Lonely Planet Images/Coombe, J.), 58 u. (Lonely Planet Images/Salter, W.), 164 u. (maxpp/de Martignac, M.), 114 u. (ZB/Grubitzsch, W.); Shutterstock: S. 34 o. (Boston, F.), 159 u. (Breckwoldt, D.), 131 u. (Bucchi, F.), 35 o. (Cardaf), 52 M. (Carlsen, C.), 154/155 (Colombo, C.), 24 u. (Connes, K.), 136 u. (Consu1961), 140 o. (cynoclub), 46 o. (Demyanenko, A.), 45 (Gosch, R.), 52/53 (Hassan, B.), 30 M. (Hecker, K.), 9 o. (junjun), 80 o. (King Tut), 105 u. (Martin M303), 28 (nadirco), 50 u., 156 o. (Nick, St.), 120/121 (Nightman1965), 8 u. (Mihai-Bogdan, L.), 116 u. (Pa, M.), 94 u. (Ragen, M.), 42 u., 86 u. (Sedmakova, R.), 112 o.l. (Topchii, M.), 30 u. (Tupungato), 98 M. (xc), 112 M.l. (Zahranichny, M.); Sonnet, Sylvain: S. 55 o.; Constanze Wimmer, Passau: S. 23 o., 33 o., 56 o., 58 o., 67 u., 105 o., 129 o., 135 o., 143 o., 153 o.

Umschlag:
Vorne, v.o.n.u.: Detail des Eiffelturms; Louvre (Shutterstock/tungtopgun); im Jardin du Luxembourg.
Hinten, v.l.n.r.: Der Palais Royal; im Cafe Le Petit Fer et Cheval im Marais; die Pont Neuf.
Klappe vorne: Das Café de Flore.
Klappe hinten: Moulin Rouge bei Nacht
S. 2/3: In der Garnier Opera.
S. 5: Der Eiffelturm von unten
S. 6/7: Die Pont du Change vor der Conciergerie
S. 166/167: Blick über die nächtlich erleuchtete Stad

Die Deutsche Nationalbibliothek verzeichnet diese Publikation in der Deutschen Nationalbibliografie; detaillierte bibliografische Daten sind im Internet über http://dnb.d-nb.de abrufbar.

ISBN 978-3-7654-5753-1

In gleicher Reihe erschienen ...

ISBN 978-3-7654-5437-0

ISBN 978-3-7654-5599-5

ISBN 978-3-7654-4828-7

ISBN 978-3-7654-5154-6

ISBN 978-3-7654-4830-0

ISBN 978-3-7654-5368-7

ISBN 978-3-7654-5253-6

ISBN 978-3-7654-5597-1

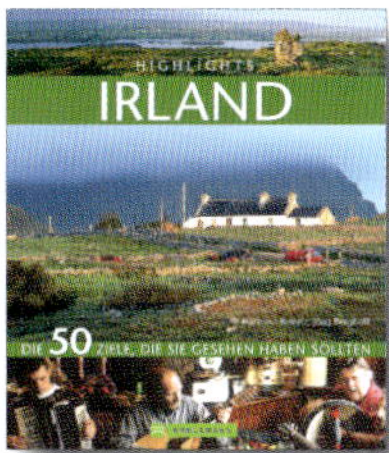

ISBN 978-3-7654-5214-7

ISBN 978-3-7654-5592-6

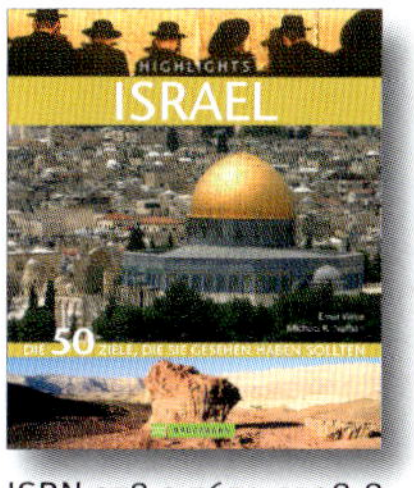

ISBN 978-3-7654-5598-8

ISBN 978-3-7654-4617-7

ISBN 978-3-7654-5594-0

ISBN 978-3-7654-5426-4

ISBN 978-3-7654-4760-0

ISBN 978-3-7654-4869-0

ISBN 978-3-7654-5596-4

ISBN 978-3-7654-5465-3

ISBN 978-3-7654-4750-1

ISBN 978-3-7654-5751-7

ISBN 978-3-7654-4827-0

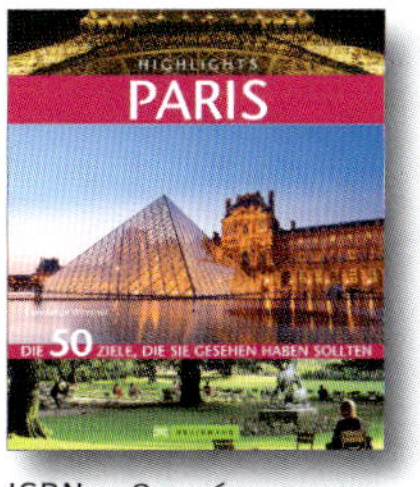

ISBN 978-3-7654-5753-1

ISBN 978-3-7654-5436-3

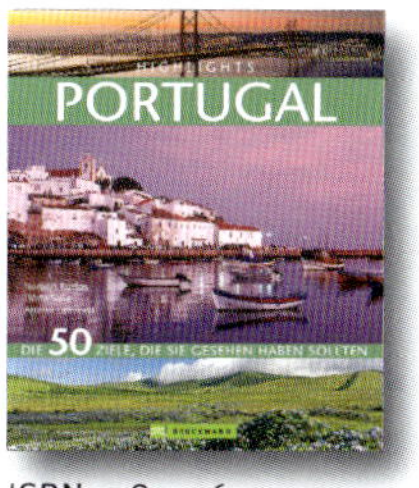

ISBN 978-3-7654-5533-9

ISBN 978-3-7654-5600-8

ISBN 978-3-7654-4973-4

ISBN 978-3-7654-4748-8

ISBN 978-3-7654-5496-7

ISBN 978-3-7654-5758-6

ISBN 978-3-7654-5144-7

BRUCKMANN

www.bruckmann.de